人生不过一封信

随园散人 著

陕西师范大学出版总社

序：

我喜欢，痴情于岁月

世间之人，都只是行客。

如苏东坡所言：“人生如逆旅，我亦是行人。”

人生是一场匆忙的旅行，悄然而来，寂然而去。路上的一切，风雨凄凄也好，日光倾城也好，诗酒流连也好，古道西风也好，都是风景。自然，那个风尘仆仆的自己，也算得上一处风景。或许，我们终身寻找的，就是那个未曾谋面的自己。

诗人说：“浮生若梦，为欢几何。”人生之中，有起有落，有聚有散，有悲有喜。我们都必须在这变幻莫测的人生里，学着淡然，学着从容，学着随遇而安。

岁月，是一处风景，亦是一座坟茔。

岁月深处，沉睡着无数曾经的红尘过客。

每个人，煊赫也好，寂寞也好，风流也好，萧瑟也好，终将长眠于岁月。王侯将相、贩夫走卒、风流才子、烟雨红颜，终会走向沉默，或被岁月遗忘，或被岁月收藏。许多事，多年以后成了渔樵笑谈。曾经的往事，终会成为故事，或者轶事。

独立残阳，望向岁月深处，总会看到许多身影。岁月的埂上，他们完成着属于自己的旅程，或从容，或黯然，或飞扬，或低落。无论是谁，当时有多鲜活，后来就有多沉寂。

日光之下，嵇康仍在打铁，狂傲地敲打着一段年月；陶渊明退隐林泉，在他的东篱下饮着酒度日，清贫却悠然；李太白衣带生风，在大唐的岁月里带着魏晋的风流，来去飘然；白居易爱而不得，写着诗，在别人的故事里祭奠自己的爱情。

孤山上，林和靖植梅放鹤，谢绝天子召唤；苏东坡在坎坷的人生里活得快意从容，饮着酒，“此心安处是吾乡”；辛弃疾壮志难酬，只好与云山为邻，看那半壁江山，被疏梅料理成风月；唐伯虎才华横溢，却是命运多舛，于书画中萧瑟地度过了余生；纳兰容若独饮西风，写着深情的词，叹息着“当时只道是寻常”。

西泠桥畔，苏小小临水而居，将寻常的日子过成了诗；薛涛历经人生聚散，终于洗去铅华，将年华安置于浣花溪畔，不声不响；李清照在结束了一场烟雨般的爱情后，荒凉度日，凄凄惨惨；李香君虽为女子，却是风骨独具，血染桃花扇，是她的倔强。

唐玄宗在一场叫作开元盛世的梦里纵情声色，终于被马蹄声惊醒，华丽的时光从此一去不返；李后主身陷囹圄，黯然伤神，感叹着故国不堪回首；宋徽宗从容地写着他的瘦金体，蓦然成了阶下囚，从此江山只剩一隅；雄才伟略的康熙大帝立于江山之巅，笑傲众生，感叹人生太短。

人生太短，岁月太长。

我们都像是陌上花开，刹那而已。

只不过，有的人一去无痕，有的人去了还被岁月惦记着。

岁月无声，青史无垠。但我喜欢穿过岁月，与岁月深处的人临风把盏、秉烛倾谈。我想着，给沉睡千百年的某个人写信，便算是完成了一次遥远的神交。于我，书信本身，就具有一种旧日的浪漫。

我寄信与之的那些人，或者流连诗酒，或者独立山河，或者徘徊花间，或者醉卧云下。他们无论身份如何，都如世间你我，有过欢喜悲伤，有过浮沉聚散，最终远离红尘，回到了岁月深处。

或许可以说，每个人的一生，便是岁月写给红尘的一封信。信的开头是零落人间，信的结尾是人生若只如初见。中间，密密麻麻的文字，写满了是非功过、悲欢离合。

岁月光怪陆离，人生如烟如雾。隔着遥远的年光，我只能凭借青史的记忆，试着去了解远去的人的故事和性情，体会他们的神采与风姿，然后怀着崇敬之心落笔。

或许，给古人写信，算得上一种痴。

毕竟，这样的信，无法寄出，更无回音。

但我喜欢这样的痴。我愿意，对岁月保持这样的痴情。

这些信，是写给他们的，也是写给自己的。

目　录

西施

烟雨红颜

【临江仙】

曾经若耶溪上女，浣纱巧笑嫣然。
采莲来去碧云间。
一朝离去后，千古觅红颜。
霸业皇图终是梦，是非功过如禅。
姑苏台榭草无边。
五湖烟水上，一舸又闲还。

西施：

若可以选择，你或许只愿做个寻常女子。

但是，世事无常，我们总是无法决定自己的人生。

很无奈，你被卷入了战争的旋涡。

不过，在我的印象中，你始终是那个灵动的江南女子，款步走在烟雨之中，不徐不疾。我喜欢称这样的女子为烟雨红颜。你生而美丽，貌若天仙，倾国倾城。可是，正是这无与伦比的美丽，将你带到了不想去的地方。

你生于寻常人家，父亲卖柴，母亲浣纱。而你，也喜欢在清溪之上浣纱。那时的你，在云水之间，恬静得像一幅画。据说，你浣纱的时候，水中的鱼儿因为你美丽的容貌，竟然忘记游水而沉入水底，于是人们说你有沉鱼之姿。千余年后，唐代诗人宋之问在《浣纱篇》中写道："鸟惊入松网，鱼畏沉荷花。"你和你后来的三位绝世美女王昭君、貂蝉、杨玉环并称为"沉鱼落雁、闭月羞花"。

据说，在你常去浣纱的地方有一方石。每次你去浣纱，方石会自动沉浮，以便于你浣纱。我总是在想，浣纱的你该是一袭白衣，恍若凌波仙子。

据说，初夏时节，你也曾在镜湖之上采莲，扁舟一叶，来去飘然，岸上看你采莲的人络绎不绝。多年后，李太白在诗中这样写道："镜湖三百里，菡萏发荷花。五月西施采，人看隘若耶。"

美丽是一种天赋，非庸常之人可以学而得之。据说，若耶溪东岸也有位姓施的女子，相貌丑陋，人们称她为“东施”。她喜欢模仿你，无论是发式还是衣着，抑或是姿态动作，都喜欢仿效。一日，你因为心口疼，皱着眉头，手捂胸口。因为你容貌秀美，这样皱眉捧心的动作，让你愈加楚楚动人。东施见此，回到村里后，也做出同样的动作，却无任何美感，惹得村人嘲笑不止。

你是水样的女子，温婉可人。

你从青石小巷里走出，归去的地方是岁月深处。

但我始终记得，你曾浣纱溪畔、采莲湖中。

传说，你本是月宫嫦娥的掌上明珠，甚是可人。后来，守护你的五彩金鸡趁嫦娥不备，将明珠带到月宫后面玩赏，一时不慎，明珠跌落人间。金鸡追着明珠来到人间。嫦娥闻讯，命玉兔下凡追赶金鸡，一直追至浙江诸暨江畔。那日，一农妇正在江畔浣纱，明珠飞入她的口中，并钻入腹中，农妇便有了身孕。后来，孩子出生，取名西施。

你身处乱世，那些明媚的生活终于结束了。那时候，吴越两国争霸，越国战败，越王勾践成了吴国的俘虏。被释放之后，勾践向吴国称臣，但他卧薪尝胆，一心想要复仇。他采用大夫文种的建议，决定对吴王夫差使用美人计。

大夫范蠡奉命于各地寻访美丽女子。来到苎萝村时，他遇见了你。于是，曾经悠然浣纱的你，成了越王手中的一颗棋子。或许，每个人都是岁月棋盘上的棋子。但你，只是个柔弱的女子，被卷入两国争霸的战争，实在是一种不幸。

你被带到了会稽。据说，前往会稽的途中，围观者无数。范蠡见此，让你住进一座小楼，并且张贴告示说，付一文钱，便可得见美女芳容。凭栏而立的你，飘然如仙，观赏者络绎不绝。可我相信，你并不喜欢那样抛头露面。你喜欢的，是苎萝山下那条清溪，还有镜湖里的那些荷花。你喜欢的，该是那个素雅安静的自己。

越王勾践用了数年时间，教你歌舞、礼仪、步履等。为了大义，为了整个越国，你苦练歌舞和礼仪，终于成了一名合格的宫女，举手投足之间，甚是得体。然后，你被送往吴国，成了吴王夫差的宠妃。

夫差初见你，便被你的容貌倾倒，惊为天人。在你的美貌面前，吴国国君很快便沦陷了。为了尽情享乐，他修筑了姑苏台和馆娃宫，春秋时宿于姑苏台，冬夏则宿于馆娃宫。许多年里，他总是在你身边，或赏花看月、抚琴吟诗，或泛舟湖上、游赏山中。

耽于享乐的夫差，荒废了朝政，大夫伍子胥多次谏言，他都充耳不闻。后来，他终于赐了一把剑给伍子胥，令其自刎。伍子胥曾劝夫差趁机灭掉越国，但夫差不听。伍子胥后来对人说："越十年生聚，而十年教训，二十年之外，吴其为沼乎！"意思是，越国用十载时光聚集财富，再用十载时光教育训练民众，二十年后，吴国的宫殿恐怕会变成池沼。

夫差不知道，宠幸你便是亡国的开始。在越国日渐强大、厉兵秣马的时候，他还过着骄奢淫逸、歌舞升平的日子。后来，越国攻入吴国，杀死了吴国太子。夫差拔剑自刎，吴国从此灭亡。

皇图霸业，是非名利，不过是烟云。

岁月太长。一切终将散落如尘埃，落地无声。

越王灭了吴国，却终于输给了时光。

关于你的结局，世间有很多种说法。有人说，你助越国灭掉了吴国，既感到欣慰，又觉得愧对吴王夫差，于是自缢于馆娃宫。有人说，吴国被灭后，吴国人将你视作红颜祸水，沉入了扬子江。一千多年后，唐代诗人罗隐在诗中写道："家国兴亡自有时，吴人何苦怨西施。西施若解倾吴国，越国亡来又是谁。"

有人说，越王勾践认为，吴国之所以灭亡，是因为夫差迷恋你的美色。为了不重蹈覆辙，勾践将你沉入了江水。有人说，越国灭吴后，你被勾践收入了后宫。但是，越国王后认为你是祸国红颜，命人将你沉入了江底。

也有人说，吴国被灭后，你回到了故里苎萝村，继续平静的日子。若是这样，倒也是个不错的结局。毕竟，你虽天生丽质，却也是个寻常女子，应该与云水草木为邻，过恬淡平静的日子。若是这样，我希望，你能觅得良人，伴你年华，不离不弃。

不过，关于你的结局，我最希望的是你随范蠡而去。越国灭吴后，范蠡知道勾践此人只能同患难，不能同富贵，于是决定隐退江湖。离开前，他劝好友文种辞官，文种不听。后来，文种为勾践所不容，终于被赐死。

人们说，范蠡与你本就有情，只是为了越国不得不分开。吴国灭亡后，他在姑苏台的繁花深处找到了你。然后，你们携手而去，隐于山水之间。后来的日子，你们过得极是快意，可以抚琴把酒、吟风弄月，可以泛舟湖上、戴月而归。无疑，这是让后来许多人艳羡不已的生活。

一千多年后，苏轼在词中写道："五湖闻道，扁舟归去，仍携西子。"辛弃疾在词中写道："十里涨春波，一棹归来，只做个、五湖范蠡。是则是、一般弄扁舟，争知道，他家有个西子。”才子佳人，山水云月，这样的画面也让我神往。

如今，我在遥远的地方，写着这封信，就像是放飞一片云彩，不知其去处。写着写着，眼前又出现了那样的身影：一个风姿绰约的女子，身着一袭白衣，从青石小巷走出，走到清溪之畔，安静地浣纱，像是一幅画。似乎，她从未离去。那是你的身影。在我的印象中，你始终是款步江南的烟雨红颜。

只可惜，美丽如你，我无缘得见。

我们之间，隔着两千五百年。

【人物简介】

西施，生卒年不详。春秋时越国美女，与王昭君、貂蝉、杨玉环并称“中国古代四大美女”。彼时吴越争霸，越国战败后，越王勾践决定使用美人计，觅得西施，并将其献给吴王夫差。此后多年，夫差对西施无比宠爱，耽于酒色，荒废朝政，吴国终为越国所灭。其后，西施不知所终。

司马相如

天下谁人配白衣

【清平乐】

世人多谤，往事成绝响。
行尽人间常坦荡，辞赋千年无两。
寄身紫陌红尘，转头已作归人。
日暮还弹绿绮，知音仍是文君。

长卿：

人们说，你是个花心薄情的人。

人们将你称作渣男，对你进行无休止的口诛笔伐。

你曾是中国文化史上的杰出代表，立于汉赋的巅峰。你被班固和刘勰称为“辞宗”，被王世贞、林文轩等人称为“赋圣”。鲁迅在《汉文学史纲要》中将你和太史公放在一起加以评价，说道：“武帝时文人，赋莫若司马相如，文莫若司马迁。”

你的文名和爱情，曾经为人们所津津乐道。世间之人，男子皆嫉妒你的才情，女子则希望嫁给如你这般的男子。但是，在你离开两千多年后，在一个信息无比发达的时代里，人们不遗余力地寻找证据，终于将你与渣男二字联系在一起，对你进行无情的鞭笞。

人们翻出了晚你两百年的刘歆所著之《西京杂记》。这本书记载了许多正史不曾记载的故事。不过，后来的文人如纪晓岚和鲁迅，对这本书的评价基本是：文笔不错，但其中所记之事大都为道听途说。

但是偏偏，世间之人对那些捕风捉影的事最是喜闻乐见。所以，与正史相比，人们更喜欢那些稗官野史中的故事。《西京杂记》中写道：“相如将聘茂陵人女为妾，卓文君作《白头吟》以自绝，相如乃止。”

人们的理解是，在你显达以后，便有了另结新欢之意，对与你贫贱相随的卓文君日渐冷淡。《白头吟》里有这样两句：“愿得一心人，白首不相离。”而且，好事者还说，卓文君寄给你的，除了那首《白头吟》，还有一封诀别书，其中写道：“朱弦断，明镜缺，朝露晞，芳时歇，白头吟，伤离别，努力加餐勿念妾，锦水汤汤，与君长诀！”

事情并未到此为止。人们还从不知何处找来你和文君往来信件，说你在一封信中只写了“一二三四五六七八九十百千万”十三字，意思是你已对文君无意，而文君则回了一首《怨郎诗》。

终于，在好事者的努力下，你从被崇拜的文学偶像变成了被嘲讽的薄情男子。人们说，你于贫寒时骗取富家女子的爱情，显贵之后却背叛爱情，企图另娶，幸好文君从容应对，化解了婚姻危机。然而，据后人考证，无论是《白头吟》还是《怨郎诗》，皆非文君所作。但这已经不重要。重要的是，日子久了，你的才情和事迹皆被薄情寡义掩盖了。长卿，倘若你地下有知，定会难过吧！

认识你，是从你的文字开始的。

在我的印象中，你白衣翩翩，从不曾老去。

你是汉赋的奠基人，可谓文学大师，《子虚赋》《天子游猎赋》《大人赋》《长门赋》《美人赋》等文赋都让后人推崇不已。太史公在他的《史记》中，专为文学家所写的传仅有两篇，分别为《屈原贾生列传》和《司马相如列传》，在你的列传中收录了你的三篇赋、四篇散文。太史公仰慕孔子，写《孔子世家》用了七千余字。而他写你，竟用了九千余字，足见他对你的赏识。

长卿，不知为何，你的父母为你取名犬子。但你，因为仰慕蔺相如，自己改名为相如。蔺相如作为一代名相，胆识过人、不畏强权、宽宏大量。他的故事，从完璧归赵到渑池相会，再到将相和，都为世人所称道。而你，欣赏他的胆识和人品，为他波澜壮阔的人生而动容。你改名相如，便是想要成为他那样的人，成为股肱大臣，成为无双国士。

年轻的时候，你喜欢读书，也常学击剑，发誓做一个光明磊落之人。事实上，你一生坦荡，光明磊落。景帝时，你做过武骑常侍。可你志向高远，不愿做个陪侍帝王游猎的弄臣。你才华横溢，却未得景帝赏识，因此沉寂了很久。

人生，总有夜雨江湖。

一路走下去，总有柳暗花明之时。

后来，你偶遇景帝的弟弟、颇好风雅的梁王，便毅然辞官而去，随梁王到了梁地。在那里，你结识了枚乘、邹阳等文士，并写出了震慑今古的《子虚赋》。

景帝去世后，武帝即位。偶然间，武帝读了你的《子虚赋》，大为震撼。不久后，你受到了天子的召见，又作了篇《上林赋》。这篇赋，你写得不卑不亢，文辞壮丽华美，表达自己理想的同时，也对帝王提出了讽谏。因此，你受到了武帝的青睐，被封为郎官。

建元六年(前135),唐蒙受命掠取夜郎,征发了当地民众万余人,又以战时法规杀了几个将领，巴蜀百姓大为惊恐。四十五岁的你，在担任郎官数年后奉命出使西南。出使中，为了安抚黎民，你写了篇《喻巴蜀檄》，在斥责唐蒙的同时，告诉巴蜀百姓，唐蒙之作为并非天子授意。你不辱使命，回到了朝廷。

其后，你被武帝封为中郎将，再次出使西南。你写了篇《难蜀父老》，阐明了与少数民族相处的道理。蜀地是你的故里，但让你深感荣耀的，并非衣锦还乡，而是平定了西南夷，使许多少数民族归顺大汉王朝。也因此，你被称为“安边功臣”。

彼时的大汉王朝，正值鼎盛时期。但你，不愿做这盛世的点缀，不愿只做个舞文弄墨、粉饰太平的文人。孔子曾说：“使于四方，不辱君命，可谓士矣。”你以一生经历证明，你便是那样的士。每个人都有自己的偶像，但活成偶像的模样，世间能有几人？

我天性散淡，胸无大志。因此我更感兴趣的，是你那场旷世的爱情。于我，世间好物，并非良田广厦、玉盘珍馐，而是明山净水、斜阳晚棹，还有那些美丽的爱情。

梁王离世后，你来到临邛，投靠好友县令王吉。那日，年轻的你随王吉前往临邛富商卓王孙家赴宴。卓王孙的女儿文君才貌无双，久慕你的才情。席间，她于屏风外偷看，你佯装不知。事实上，你对文君也早有爱慕之意。于是，受邀抚琴时，你便弹了一曲《凤求凰》。一曲弹罢，满座皆惊。文君更是满心欢喜。

终于，两情相悦的你们，在一个深夜携手私奔而去，到了成都。你家徒四壁，但是为了爱情，文君并未嫌弃。后来，你们悄然回到临邛，开了家酒店。为了爱情，自小过惯了优渥日子的文君，开始当垆卖酒。她是心甘情愿的。只要是和你在一起，粗茶淡饭、布衣荆钗，她都愿意。正因如此，你后来的所谓的薄幸才会受到无数人的口诛笔伐。

后来，卓王孙见文君爱你入骨，只好给你们以资助。不过我想，无论是那铜钱百万，还是仆役百人，都与你和文君的爱情无关。爱情不是风花雪月，但也不是物质能决定的。无论贫富贵贱，都能不离不弃，才是最好的爱情。琴瑟在御，岁月静好，这是你和文君爱情的模样。

长卿，我知道你不会在意世人的褒贬。真正的文人，应是活在自己心里的。那是一个隔绝尘嚣的地方，可以抚琴把酒，可以种菊修篱。在我心里，你永远是那个白衣翩翩的模样。你就是你，司马相如。红尘万丈，配得上白衣的，没有几个人。

很遗憾，我们隔着两千余年。

很遗憾，我们无法把酒言欢、秉烛夜话。

我喜欢古琴，喜欢那些泠泠琴弦上的悲喜。假如有幸与你活在同一个时代，又假如能与你相识，我定会让你在清风明月之下，用那张绿绮琴弹一曲。你若是伯牙，我希望能做那个懂琴的钟子期。

【人物简介】

司马相如（前 179—前 118），字长卿。西汉文学家、政治家。擅长辞赋，被后人誉为“赋圣”和“辞宗”。鲁迅在《汉文学史纲要》中对其如此评价：“武帝时文人，赋莫若司马相如，文莫若司马迁。”他与卓文君的爱情故事，一直为后世美谈。

蔡文姬

乱世佳人

【清平乐】

凄凄风雨，往事愁千古。
半世飘零谁可护，莫问寄身何处。
红颜乱世无根，一朝流落胡尘。
归去芳华残尽，可怜卿本佳人。

文姬：

不知道，漠北的那些年你是如何度过的。

大漠孤烟，长河落日。身处异乡，这恐怕算不得风景。

那些年，你的年华被塞外的风沙摧残着，身形也日渐消瘦。可是，在我的印象里，你始终是一代才女，才华横溢，于文学、书法、音乐无所不精。你该是那个云下写诗、篱前抚琴的女子。然而，岁月赋予你的，是一段多蹇的人生。

一千多年后，国际天文学联合会为三百多座水星环形山命名。中国有十五位艺术家的名字被采用，其中有两位女性，一位是宋代的李清照，另一位便是你。不管你经历如何，在人们的心中，你始终是一位名传千古的文学家。

人们总是将你与卓文君相比。其实，文君生于富商之家，论才情本无法与你相提并论。清代的评论家张玉谷曾在诗中写道："文姬才欲压文君，《悲愤》长篇洵大文。老杜固宗曹七步，瓣香可也及钗裙。"不过，你或许会羡慕文君，嫁给了才子司马相如。

你的父亲蔡邕，为一代大儒，擅于文学，精于书法，通晓音律，梁武帝曾称赞他："蔡邕书，骨气洞达，爽爽如有神力。"就连一代雄主曹操也时常向你父亲请教。

生身书香门第，自幼耳濡目染，你善诗赋，通音律。九岁那年，某个夜晚，父亲于窗外抚琴，突然间琴弦断了一根。你在屋内说断弦为第二根。父亲以为你只是偶然说中，便又故意弹断了一根弦，你马上说断的是第四根。

应该说，你的童年是无忧无虑的。你喜欢读书，随着年岁渐长，你也在父亲的悉心教导下学写文章。十四岁时，你的才气已传遍了洛阳城。然而，彼时的岁月已是凌乱不堪。那是东汉末年，马蹄声乱，烽火不休，百姓流离失所。战乱之中，你的生活从清朗渐渐走向了黯淡。

生活，有明有暗，有起有落。

总是这样，突然风起，岁月已是残破不堪。

文姬，我相信，如果可以，你愿意觅一个潇洒俊逸的才子，过素淡的日子，饮酒赋诗，不离不弃。于你，最重要的是两心相知，岁月静好。事实上，那种平淡而不失意趣的日子你曾拥有过。

十六岁那年，由父亲做主，你嫁给卫仲道为妻。卫仲道温文尔雅，才情不凡，是当时的青年才俊。成婚之日，你们都有相见恨晚之感。其后，日子如你所想，素淡而诗意。你们时常焚香抚琴、吟诗作赋，偶尔也会携手同游陌上，见者无不羡慕。

可惜，那样的生活并未持续太久。未及一年，卫仲道患病卧床多日，最终不治而逝。卫仲道去世后，你不得不独守空房。卫家人认为你是不祥之人，又因为你嫁入卫家一年未曾生育，对你总是冷眼相看。性情倔强的你，无法忍受卫家人的嫌弃，独自回到了娘家。

那时候，你父亲本在董卓手下任职。后来，王允设计除掉了董卓，你父亲因被视为董卓党羽而入狱，最终死于狱中。父亲去世后，你成了乱世浮萍，不知该栖身何处。

乱世之中，匈奴人乘机入侵，孤苦无依的你被掳走，被带到了漠北。在那里，你的身份是奴隶。你的身边，尽是野蛮粗鲁的匈奴人，你就像是零落于孤岛。塞北凛冽的风，将你的心事吹成了沙尘。你的悲苦，无处言说。

后来，因为容貌秀美，你被匈奴左贤王看中，成了他的一名侍妾。后来的那些年，你始终强颜欢笑，日子如一潭死水。你在《悲愤诗》中写道："欲死不能得，欲生无一可。彼苍者何辜，乃遭此厄祸。边荒与华异，人俗少义理。处所多霜雪，胡风春夏起。翩翩吹我衣，肃肃入我耳。感时念父母，哀叹无穷已。"

你还写道："冥当寝兮不能安，饥当食兮不能餐，常流涕兮眦不干，薄志节兮念死难，虽苟活兮无形颜。……人似兽兮食臭腥。"在那个蛮荒的地方，你衣食不缺，心中却只有悲伤。

很多日子，你立在风沙里，遥望中原。

忆起从前那些清朗的日子，像是一场遥远的梦。

左贤王对你还算不错，偶尔还会教你吹奏胡笳。后来，你为他生了两个儿子。有了孩子的陪伴，你少了些孤寂。但是，风沙茫茫的大漠、粗鄙简陋的生活，不是你想要的。你始终怀念着故土。就这样，你在塞外生活了十二年。

终于，你父亲的好友曹操得知你身在匈奴，念及旧情，派使者带着白璧一双、黄金千两前往匈奴，将你赎回了中原。中原，是你日思夜想了十二年的地方。可是，上了马车，想到要离开两个儿子，从此天涯相隔，相见无期，你不禁泪如雨下。然后，你写下了千古不朽的名曲《胡笳十八拍》。

你说："十六拍兮思茫茫，我与儿兮各一方。日东月西兮徒相望，不得相随兮空断肠。"你说："今别子兮归故乡，旧怨平兮新怨长！泣血仰头兮诉苍苍，胡为生兮独罹此殃！”事实上，此别就是永别，母子各自天涯，再未相见。

我知道，《胡笳十八拍》是你的泣血之作。明朝人陆时雍在《诗镜总论》中评论道：“东京风格颓下，蔡文姬才气英英。读《胡笳吟》，可令惊蓬坐振，沙砾自飞，真是激烈人怀抱。”

回到中原后，曹操念你是故人的女儿，让你出任女文官之职，负责编修你父亲未能完成的史籍。此时，日子虽然平静，你却过得索然无味。曹操见你整日愁眉不展，将你嫁给了比你小十二岁的屯田都尉董祀。此时，董祀正是风华正茂之时，而你历经十多年塞北时光的摧残，已不复从前之秀美。因此，最初的日子说不上美好。

婚后次年，董祀犯了死罪。你虽常被董祀冷落，但此时顾念着夫妻情分，于大雪天蓬首跣足地来到丞相府为夫君求情。曹操见你神情悲切、泪眼模糊，心生怜悯，便饶恕了董祀。

后来，曹操问起你父亲当年的古籍，你说因为战乱，只有少量保存了下来，你能记得的只有四百多篇。其后，你将所记之古籍写下来送给了曹操。

岁月凉薄，却也有温暖的时候。

后半生的你，过着清淡的日子，不惊不惧。

我知道，少女时期，你就做过那样的梦。

董祀被赦免之后，对你的态度彻底转变。他知道你喜欢山水，便辞了官，带着你去到了云水之间、风景秀逸之处。他也是风雅之人，爱写诗，懂音律。因此，你们的生活过得颇有意趣。多年的颠沛流离后，你终于活成了自己想要的模样。生活待你，也不算太凉薄。

后来，范晔写《后汉书》时，如此称赞你："端操有踪，幽闲有容。区明风烈，昭我管彤。"而且，他将你的《悲愤诗》和《胡笳十八拍》完整地保存了下来。隔着两百年，他算是你的知己。

一千八百年后，读你的诗，我总觉得震撼。那是你岁月深处的悲吟。你那些悲惨的遭遇，我总是为之难过。可是仔细想想，我又何尝不是命运多舛？每个人都避不开风雨，最重要的是，坚强地活着，可以悲伤，但不绝望。

写下这封信，就仿佛在你的世界里走了一遭。那里，有烽烟四起，有风沙满目，有一个在乱世飘零的女子。你的悲欢离合，我像是体验了一回。红颜多薄命，果然如此。

一千八百年，可说是刹那，却又无比遥远。

见所见而去，我终要回到我的时光里。

再会了，文姬！

【人物简介】

蔡文姬，名蔡琰，生卒年不详。东汉女文学家，蔡邕之女，于文学、书法、音乐无所不精。命运多舛，初嫁卫仲道，丈夫早逝。后来，被匈奴所掳，在漠北生活十二年。被曹操赎回后，嫁给了董祀。有《悲愤诗》二首和《胡笳十八拍》传世。

阮籍

长啸过红尘

【行香子】

行尽红尘，世事无垠。
叹浮生，聚散无痕。
流光一刹，已是归人。
愿听瑶琴，对山月，倚柴门。
知音酬酢，醉论诗文。
纵凉秋，也是良辰。
竹林欢笑，且任天真。
有云为衣，风为马，水为邻。

嗣宗：

五十四岁那年，你离开了红尘。

但是，人间陌上，仍有你长啸的声响。

你性情狂傲，放浪形骸，喜欢抚琴，亦喜欢长啸。只是，那样的乱世，你的长啸少有人听见。你喜欢饮酒写诗，喜欢在诗酒中安放自己。

那年，你去拜访隐居于苏门山的孙登。你向他提出了许多问题，他却漠然以对，不发一语。无奈，你向群山长啸。孙登终于开口，请你再长啸一次。而你，再次长啸后，便头也不回地下山了。行至半山腰，山谷中回荡起了美妙的长啸之声。你知道，那是孙登在回答你的问题。同是狂傲之人，无须言语已是知音。其后，你写出了闻名于世的《大人先生传》，对当时的政治局势以及无聊的封建礼法进行了辛辣的讽刺。

生逢乱世，你活得潇洒自如。

隔着一千八百年，仍能闻到当时政治上的血腥味。

自然，我也闻到了你的一身酒气。

人们说，魏晋时代若是没有阮籍，整个时代都将黯然失色；有了阮籍，魏晋时代才让人心驰神往。我喜欢那个时代，虽然混乱不堪，却有着衣带生风、诗酒流连的潇洒和快意。风姿与风雅、风神与风骨，那里从不缺少。

我曾经想过，假如可以选择，我应该生于魏晋时代。我虽然才疏学浅，却也可以如你那般，于乱世饮酒赋诗，来去飘然；也可以如你那般，傲视权贵，玩世不恭。

你三岁丧父，由母亲抚养长大。但你天生聪慧，又好读书，八岁便能写文章。读书的同时，你也学习击剑。后来你在《咏怀诗》中写道：“少年学击剑，妙伎过曲城。”你曾想过，终有一日，做一个文能提笔定天下、武能上马定乾坤的大人物。你本以安济天下为志向，无奈生逢乱世，壮志难抒。于是，你只好将自己交给林山诗酒，在醉意中清醒。

性情狂放不羁，这是我最欣赏你的地方。十六七岁，你随叔父阮熙到东郡，见到兖州刺史王昶，你始终一语不发。那是因为，你对所谓的王侯贵胄多存鄙夷之心。

年轻时，你登临光武山，面对楚汉古战场，长叹道：“时无英雄，使竖子成名！”的确，那时的天下，没有了刘邦和项羽，没有了刘备、曹操、孙权，只剩一群籍籍无名之辈，为了争名夺利上蹿下跳。

幸好，还有一群人守着本心度日。

他们，在竹林里抚琴对弈，饮酒狂歌，痛快淋漓。

人们称他们为“竹林七贤”。

而你，便是其中之一。竹林里，皆是志同道合的性情中人。那里，没有尘嚣纷扰，没有利名诱惑，有的是山水相依，诗酒流连。当许多人为了名利二字争得头破血流时，你们独得逍遥快活。

嗣宗，你虽有济世之心，却淡泊名利。数次入仕为官，都带着游戏官场的意味。正始三年（242），时任太尉的蒋济想要征辟你，你写了封《奏记》婉言谢绝。后来，因为亲朋好友劝说，你勉强就任，不久便以身体抱恙为由辞官而去。数年后，你任尚书郎，再次称病辞官。彼时，曹爽征辟你为参军，你婉言拒绝。

四十岁那年，你做了司马懿的从事中郎。两年后，司马懿去世，你又做了司马师的从事中郎。数年后，你被封为关内侯、官散骑常侍。司马师去世后，司马昭继任大将军、录尚书事。你向司马昭提出前往东平任职，他答应了。然而，你在东平任上只待了十余日，便回到了洛阳。其后，你先是担任司马昭的从事中郎，后又任步兵校尉，因此后世称你为“阮步兵”。

你性情狂放不羁，仕途显然并不适合你。事实上，你虽数次入仕，却始终不为名利所动。终究，你最喜欢的，是林泉山水、饮酒赋诗。那个临风长啸、笑傲红尘的阮籍，才是真实的你。司马氏的心腹钟会，多次问你对于时事的看法，你总是醉意蒙眬，不置可否。

为了拉拢你，司马昭希望与你结为亲家。而你，为了躲避这场联姻，竟然拼命饮酒，日日烂醉，一连六十日皆如此。司马昭见此，只好作罢。

司马昭篡权之前，按照惯例，曹魏皇帝曹奂下诏封其为晋公，加九锡，司马昭佯做谦让。那时候，任步兵校尉的你受命写《劝进表》，你仍是日日饮酒。直到使者来催，你才饮着酒拟表，敷衍了事。

你始终是那个狂傲的阮籍。

你追求的，是真性情，是红尘陌上快意逍遥。

路过人间，你不愿受任何拘束。

你在《咏怀诗》中写道：“危冠切浮云，长剑出天外。细故何足虑，高度跨一世。非子为我御，逍遥游荒裔。顾谢西王母，吾将从此逝。岂与蓬户士，弹琴诵言誓。”你还说：“鸿鹄相随飞，飞飞适荒裔。双翮临长风，须臾万里逝。”自然，你愿意飘摇于天地之间，而不愿羁束于俗事之内。

在《大人先生传》中，你如此写道：“故至人无宅，天地为客；至人无主，天地为所；至人无事，天地为故。无是非之别，无善恶之异。故天下被其泽，而万物所以炽也。”你崇尚的，是道家的超然避世和清静无为。

我最欣赏的，是你的狂放不羁，以及对于封建礼法的蔑视。母亲去世时，你正在与好友对弈。闻讯后，你并未立刻回家，非要将那盘棋下完。回到家里，你饮酒两斗后，才放声大哭。安葬母亲那日，你再次饮酒。母丧期间大肆饮酒，自然是不合礼法的。但你无视礼法，任意为之。我知道，那些天的你定是肝肠寸断。

礼法只是岁月深处的一道墙，属于封建卫道者们。而你，轻松地越过了那道墙，弹着古琴，喝着美酒，长啸几声，将满世界的卫道者惊得呆若木鸡。为母守丧期间，好友裴楷前往吊唁，你披头散发，神情木然，并未按照礼法起身哭拜。

人们说，你不喜言语，对人有青眼与白眼之别，对于喜欢和讨厌的人，分别以青眼和白眼相视。母亲离世后，嵇喜前往吊唁，因其为朝廷官员，被你视为谨守礼法之人，你便白眼相对。而你的知己嵇康带着琴酒而来，你便青眼相视。

嗣宗，我喜欢的魏晋风流，在你身上体现得淋漓尽致。也因此，我始终认为你是个极可爱的人。一千八百年前，当你将封建礼法踩于脚下，你便是自己的英雄。就仿佛，天地之间，只有你自己，纵横万里，饮酒长歌。

那时候，人们对于男女之间的礼教大防看得极重，不敢越雷池一步。而你，从不因礼教而战战兢兢。嫂子回娘家，你便大方地和她作别，还多加嘱咐。你好酒，隔壁有个酒坊，女主人容貌秀美，你常去那里饮酒，醉了便在人家旁边酣睡，毫不避嫌。

一位兵家女孩才貌兼具，不幸早逝，你虽与这家人素无往来，却前去吊唁，在她的灵堂里哭得昏天黑地。那天的痛哭，不为别的，只为一个美丽生命的凋零。人们说你荒唐，我却欣赏你的真性情。若非如此，你便不是我印象中那个阮籍。

当我独立大地，遥望千古红尘时，总会看到你的身影。你在竹林，你在山巅，喝着酒，弹着琴，时而吟诗，时而长啸。似乎，你始终在那里，从未离去。

岁月像一片海，我没有扁舟，无法飘荡到你的时代。

但我相信，你始终在那里等着。

【人物简介】

阮籍（210—263），字嗣宗，三国时魏国诗人。“竹林七贤”之一，为“建安七子”之一阮瑀之子。性情狂放，玩世不恭。有《咏怀》《大人先生传》等留世。

嵇康

独来天地，
独往江湖

【遥寄叔夜】

红尘岁月任天真，长啸狂歌向竹林。
名利是非常似梦，王侯将相尽如尘。
漫随诗酒游天地，醉与云山说古今。
赴死从容谁得似，《广陵散》后再无人。

叔夜：

人们说，你是个美男子。

可我欣赏的，是你的淡泊名利和风流不羁。

红尘万丈，熙熙攘攘，不过是为了名利二字。而你，于名利看得极淡，独喜林泉山水，只愿纵情于诗酒琴书。俗世之外，你独有一片天地，修篱种菊也好，把酒临风也好，都只属于你自己。

在所有人的印象中，你都是器宇不凡的。《晋书》记载："康早孤，有奇才，远迈不群。身长七尺八寸，美词气，有风仪，而土木形骸，不自藻饰，人以为龙章凤姿，天质自然。"而《世说新语·容止》中则如此写道："嵇康身长七尺八寸，风姿特秀。见者叹曰：'萧萧肃肃，爽朗清举。'或云：'肃肃如松下风，高而徐引。'"

你的好友山涛说你"岩岩若孤松之独立；其醉也，傀俄若玉山之将崩。"而你兄长嵇喜在《嵇康别传》里，夸耀你说"正尔在群形之中，便自知非常之器"。

然而，真实的你却是落拓疏狂，不重修饰。你在《与山巨源绝交书》中写道："性复疏懒，筋驽肉缓，头面常一月十五日不洗，不大闷痒，不能沐也。"那个时代，上层男子皆重外表修饰，而你性情慵懒，不屑于此。在你的不修边幅之下，隐藏着一颗狂放不羁的心。

你以老庄为师，崇尚超然物外。

世间之事物，唯山水琴酒最是合你心意。

至于是非纠葛，你唯恐避之不及。

在我看来，你的狂放里还有几分从未失去的天真。你喜欢将自己放逐于天地之间，弹琴饮酒赋诗。让人惊愕的是，你还喜欢打铁。世人不懂你，看你打铁，总会冷嘲热讽。而你，自顾自地打铁，无视世人褒贬。日光之下，黝黑的身躯，不停敲打钢铁，除了至交好友，没有人相信你便是那个风姿卓然的名士嵇康。

没错，这个打铁的嵇康，就是那个有《太师箴》《难自然好学论》《管蔡论》《明胆论》《养生论》以及许多诗歌传世的嵇康。你就是你，文采斐然的嵇康是你，日光下打铁的嵇康也是你。你打铁，不为别的，只为喜欢。与那些弱不禁风的士人相比，你的健康实在让人羡慕。而且我知道，你每一次敲击，都会让那个时代震颤一次。

你的打铁铺子在一棵柳树之下。你引来山泉，绕着柳树筑了游泳池，打铁累了，便将自己投入水中。那时候，世间的名利是非、悲喜浮沉都消失不见，只有一个打铁的男子，于天地之间放浪形骸。

打铁的时候，你不喜被人打扰。你的好友向秀了解你，总是悄然来到你的打铁铺前，帮你打铁。你们的言语很少，但那份纯粹的友情在打铁的过程中，成了一种天长地久。

当然，你也会去到竹林，和你的一众好友饮酒弹琴、醉卧山月。与你交往的，皆是卓尔不群、风骨独具之人，比如阮籍，比如向秀。你珍视友情，愿意为朋友两肋插刀。

对你来说，浮名虚利只如烟云。

自然地，你也瞧不上追名逐利之人。

在你眼中，王侯将相甚至比不上竹林中的一道清溪。

钟繇之子钟会，入仕之后扶摇直上，不到三十岁就被封为关内侯。他对你十分赏识，你却始终不屑与之交往。当年，钟会写完了《四本论》，想求你指点，怕你瞧不上，只好将书塞到你的窗户里。钟会显贵之后，听闻你在洛阳城外打铁，便决定前往拜访。这次造访，排场甚大，从者无数。

钟会不了解你。他不知道，他大张旗鼓地造访，侵扰了你的自由和快意。因此，你对他视而不见，自顾自地打着铁。钟会在旁边看了很久，终于悻悻地离开了。此时，你终于开口道："何所闻而来？何所见而去？"钟会回头道："闻所闻而来，见所见而去。"看似回答得轻描淡写，但是钟会的心里却生出了几许恨意。

叔夜，我知道，你是真正的性情中人。

这样的人，不适合官场。事实上，你也不屑于为官。

你更喜欢，寄情山水，把酒弹琴。

司马昭曾有意征辟你，却被你婉言谢绝了。你的兄长嵇喜入仕，你满心失望，在诗中写道："息徒兰圃，秣马华山。流磻平皋，垂纶长川。目送归鸿，手挥五弦。俯仰自得，游心太玄。嘉彼钓叟，得鱼忘筌。郢人逝矣，谁与尽言？"于你，跃马山林、垂钓湖上、抚琴月下，才是快意的人生。

官场昏暗，你不愿寄身其中。好友山涛曾任尚书吏部郎，离任之前，朝廷希望他推荐一个合适的人选，他推荐了你。闻讯后，你甚是生气，认为山涛不了解你，立即写了篇《与山巨源绝交书》，与之绝交。借这封绝交信，你表达了绝不出仕的态度。

不过，你虽与山涛绝交，却深知山涛之为人。临终前，你将一双儿女交给了山涛，并且说："山公尚在，汝不孤矣。"山涛不负朋友二字，将你的儿女视为己出。十八年后，你的儿子嵇绍经山涛举荐入朝为官。

与山涛的绝交，或许只是为了表明一种态度。而你与吕巽，却是真的绝交了。吕巽及其弟吕安皆是你的好友，吕巽看上了吕安的妻子，并且偷偷占为己有，为了掩饰其罪过，还先发制人，诬告吕安不孝。你得知事情真相后，气得七窍生烟，立即宣布与吕巽绝交，并且出面为吕安作证。没想到，如此一来，你却被视为吕安的同党，身陷囹圄。

在司马昭尚在思虑如何给你定罪的时候，对你怀恨在心的钟会出现了。在他的一番挑唆后，司马昭决定将你和吕安处决。你不愿卷入是非纷扰，终于还是被卷入了，而且要以生命为代价。

四十岁的你，被押着走向了刑场。

弹琴的你，饮酒的你，打铁的你，都将远离尘嚣。

那日，日光如从前，格外耀眼。

行刑当日，三千名太学生为你请愿，希望朝廷将你赦免。然而，他们的请求被拒绝了。你早已知道自己的结局，神情淡然。蓦然间，你忆起了从前。当年，你曾前往拜访孙登，并相处多日。临行，孙登说，你性情刚直率真，恐怕难免祸事。

你又想起，多年前的一个夜晚，有个陌生人传授你一曲《广陵散》，并且嘱咐你莫要传与他人。你的确没有将此曲传给别人，那个叫袁孝尼的人多次求你传授，你都拒绝了。

日光之下，你让兄长取来了古琴，最后一次弹出那曲《广陵散》。琴声泠泠，回响了一千多年。弹毕，你从容赴死。从始至终，你不曾悲戚，亦不曾抱怨。可惜，那《广陵散》从此失传了。

来时寂静，去时从容，这就是你。

那个落拓不羁、桀骜不驯的男子，终是去了。

至情至性如你，似一颗流星划过天际。

可你的才华和性情，却始终在历史的天空亮着。如今，我站在这荒凉的尘世，遥望一千八百年前的大地，仍能看到你隐于山野、饮酒抚琴的身影。自然，我也能看到那个打着铁挥汗如雨的你。你活得潇洒，来去如风。我喜欢，隔着岁月，安静地看你，不靠近，不打扰。你的世界，始终是清净无尘的。

风流二字，只有你这样的人配得上。

写了这封信，我便觉得，茫茫尘世，我们是见过的。

再会了，叔夜！

【人物简介】

嵇康（223—262），字叔夜。三国时文学家，“竹林七贤”之一。天生聪颖，博学多才。崇奉老庄思想，性情狂放不羁。司马氏掌权后，隐于山野，饮酒抚琴为乐。后遭诬陷，被司马昭处死，时年四十岁。有《嵇康集》传世。

王徽之

原谅我这一生不羁
放纵爱自由

【寄子猷】

一去红尘不复还，溪桥云水可流连。
听琴去后水如镜，访戴归来雪满山。
紫陌功名非有意，红尘起落总无关。
浮生潇洒终为梦，此后疏狂有谪仙。

子猷：

知道你，是从那场雪开始的。

仿佛，一千多年后，那场雪还在下着。

那夜，山阴城里大雪纷纷。你喜欢雪，因此落雪的时候你总会欣喜，那日亦是如此。本来欹枕在床的你，突然来了兴致，饮了几杯酒，敞开了门，一时之间，神思彷徨。

不仅如此，你还念诵着左思的《招隐》诗："杖策招隐士，荒涂横古今。岩穴无结构，丘中有鸣琴。白云停阴冈，丹葩曜阳林。石泉漱琼瑶，纤鳞或浮沉。非必丝与竹，山水有清音。何事待啸歌？灌木自悲吟……"

念罢，蓦然间想起，戴安道住在剡县，你便决定于雪夜前往造访。很快，一叶扁舟，便朝着剡县而去了。一路之上，借着灯火，观赏雪景，你满心陶醉。黎明时分，你的扁舟终于来到了戴安道所住的茅屋前。然而，准备敲门时，手却停在了空中，终于没有敲。随后，你又是一叶扁舟，原路返回。家仆问你原因，你回答："乘兴而来，尽兴而去，何必定要见到戴安道？"

没错，乘兴而来，尽兴而去。

你的人生也是如此，一场绚烂后，悄然归去。

可惜，世人不懂这个道理，总想求个结果。

你的行为，世人总觉得荒诞。只有你自己知道，何为潇洒恣意，何为快意人生。就此来说，你和你父亲颇为相似，他亦是风流随性、潇洒率真之人。只不过，你比他更多了几分不羁放纵。

在你十六岁那年的三月初三，你父亲与孙绰、谢安等数十人于山阴兰亭举行雅集，饮酒赋诗，纵论天下。最后，众人将所作之诗结为诗集，由你父亲为之作序，记述此次雅集的情景。兰亭之下，你父亲笔走龙蛇，然后便有了“天下第一行书”《兰亭集序》。我总是为那样的文人雅集而神往。而你，兴许对那样的事情都不屑一顾。

事实上，你对许多事都很是不屑，比如功名利禄，比如世俗礼法。那时候，出身高贵的人都极为讲究，你却不屑于此，经常不修边幅，蓬头散发。你也不屑于贵族们崇尚的所谓贵族气质。那回，你和弟弟献之同处一室，突然间起火，献之神情自若，直到家仆来搀扶，他才走出屋子。而你，见到火起，撒腿就跑，连木屐都来不及穿。

世人都盛赞献之的气度，而我则认为，火灾之前，赶紧逃命才是人之常情。你的行为，恰恰是遵从本性，毫不做作，这就是你的率真。生于尘世，你只想活得自然快意，不被尘俗所拘束。

据说，你爱竹成痴。你借住于别人宅院，也要让人种竹，还说“何可一日无此君”。七百年后，有位叫苏轼的文人，爱竹如你，他说：“可使食无肉，不可居无竹。无肉令人瘦，无竹令人俗。”

那次，你经过吴中，见一士大夫家有个竹园。主人久闻你爱竹，定会前去造访，认真打扫布置一番，在厅中待你前去。然而，你径直走向竹园，在那里吟唱许久，尽兴之后便又径直离开。主人见此，只好命人关门，你这才停步，与主人痛饮一番。

擅入人家宅院已是冒昧，离开前连招呼都不打更是失礼。但这就是你的性情。对于世间的繁文缛节，和那些横平竖直的规矩，你都嗤之以鼻。你之行事，皆是随心随性。你只想，活得逍遥快活，不受任何羁束。

人生，不过是一场旅行。

闻所闻而来，见所见而去。如此而已。

倘若不能尽情尽兴，便不是纯粹的人生。

子猷，我欣赏你，就因为你始终率真，始终有一颗赤子之心。

你也曾做官，但你不懂也不屑于官场之道。人们说，官场如战场。可是对你来说，官场也不过是一处玩赏之地。你曾担任大司马桓温的参军，可你仍是平素作风，时常散着头发、衣冠不整地前往任所，对自己负责的事务不闻不问。不过，桓温欣赏你的才华，任由你恣意为之。

数年后，你又到车骑将军桓冲手下任骑曹参军，负责管理马匹。你仍是从前那副狂放不羁的模样。一日清晨，桓冲见你终日无所事事，劝你干点正事。你却遥望远山说道："清晨的空气甚是凉爽。"

又一日，桓冲问你管理哪个部门，你说，不清楚是哪个部门，反正每日都见马匹进出，应该是骑曹或者马曹。桓冲又问你管理的马匹数量，你满不在乎地说，并不晓得，这得问手下人。桓冲接着问你，近日有马瘟，你的马匹死了多少。你不徐不疾地说，活马的数量都不晓得，死马的数量更是不知。桓冲无奈地摇头而去。

世间之人，大都懂得逢迎。对待上司，人们总是唯唯诺诺，如履薄冰。而你，无论对谁，都是那副飘洒不羁的模样。我想，这便是魏晋名士该有的风采。

那次，桓冲外出巡视，他坐车前往，手下则骑马而行。突然间天降大雨，你下马钻入桓冲的车中，还说："看你独自坐车，我来陪你。"桓冲见是你，知你不拘小节，便和你同坐。雨霁之后，你说声"打扰了"便下了车，继续骑马而行。

这就是你，洒脱不羁，天真任性。

关于你的故事，总是带着几分魏晋风流的气息。

那次，你乘船入京。船过清溪码头时，江南乐师桓伊恰好乘车从岸上经过。你久闻桓伊擅长吹笛，却与之并不相识。听船上有人说，那人便是桓伊，你立刻派人传话说："听说你擅长吹笛，请为我吹奏一曲。"

那时候，你只是个黄门侍郎，而桓伊已是豫州刺史。然而，桓伊亦是性情中人，也对你闻名已久，便下车来到你的船上，横笛吹奏了一曲《梅花三弄》。吹罢，他收起笛子下了船，登车而去。从始至终，你们没有只言片语的交流。这样的事，让那些拘于世俗礼法的人惊讶不已。可我知道，这就是魏晋风流，飘洒自如，不着痕迹。

你任黄门侍郎，日子久了，觉得甚是无味，便辞官而去，回到了山阴，终日游山玩水。于你，山水云烟是不能辜负的，诗酒琴书是不能辜负的。至于名利是非，你始终不屑。

但是，落拓不羁的你，却对亲情甚是看重。四十九岁那年，弟弟献之因病离世。闻讯后，你立即乘车前往奔丧，却不曾掉一滴眼泪。献之平素喜欢弹琴，你走入他的灵堂，取过他的琴就弹了起来，然而琴弦却总是调不好。终于，你将琴掷在地上，悲怆地说："子敬，子敬，人和琴都不在了！"言罢，悲痛欲绝，昏了过去。一个月后，你也离开了人世。

你走得匆忙，像是一盏灯突然熄灭了。

但你的故事，还有你的风采，世人从未忘记。

三百多年后，有位叫李白的诗人对你甚是仰慕，他在诗中写道：“虽然剡溪兴，不异山阴时。明发怀二子，空吟《招隐》诗。”他还在酒醉时说：“两岸拍手笑，疑是王子猷。”

你是个性情中人，飘洒快意，放荡不羁。

也可以说，你是个纯粹的人。

一生不羁，无怨无悔。

【人物简介】

王徽之（338—386），字子猷。东晋书法家，王羲之第五子。才华出众，但性情狂傲、放荡不羁。曾入仕为官，但因无心俗务，辞官而去，隐于山水之间。有“雪夜访戴”典故传于后世。传世作品有《新月帖》《承嫂病不减帖》等。

谢道韫

咏絮才女

【踏莎行】

绣口冰心，雅人深致。孤清举世谁能似？
满天飞雪句无佳，不如柳絮因风起。
篱下情怀，竹林风气。神情散朗游天地。
吟诗煮酒过红尘，当年也是凌波意。

谢道韫：

你叔父谢安说你有雅人深致。

济尼则说你神情散朗，有林下风气。

我总是为这样的评价而欣喜不已。一介女子，才华横溢已属不易，性情潇洒率真更是难得。对于你所处的时代，我无限神往。人们说，那是一段衣带生风的岁月。隔着遥远的时光，我总是将那些风流潇洒、放浪形骸的人视为知己。可惜，时光太深，我无法去到那里，去竹林茅舍，去山涧水湄，与他们把酒倾谈。

知道你，是从一句诗开始的。那年冬天，某日大雪纷飞，你叔父谢安正在家中休息，见满天飞雪，顿时起了兴致，想要考考子侄们的才学，便指着雪问道："纷纷扬扬的白雪像什么？"侄子谢朗立即答道："撒盐空中差可拟。"你思索片刻，说道："未若柳絮因风起。"这个巧妙的比喻让你叔父颇为满意，却也是笑而不语。那年，你才七岁。

后来，那日之事便成了一段佳话，而"咏絮之才"也成了对女子才华的极高评价。九百年后，宋代人王应麟编写《三字经》，也将此事写了进去："蔡文姬，能辨琴。谢道韫，能咏吟。"

你出身于书香门第，父亲谢奕为安西将军，叔父谢安为东晋著名政治家，公公王羲之为著名书法家，母亲阮容为阮籍族人，弟弟谢玄也因文武全才而闻名于世。

你出生的时候，谢氏家族与王氏家族并立为江南名门望族。你从小受叔父谢安疼爱和指导，你的名字便是由他所起。你天生聪慧，喜欢读书，又有叔父的悉心教导，终于成了一代才女。而你为人所称道的，除了才学，还有性情。

一次，叔父谢安问你："《毛诗》里哪句最佳？"你的回答是："《诗经》三百篇，莫若《大雅·嵩高篇》云，吉甫作颂，穆如清风。仲山甫永怀，以慰其心。"于是，叔父称赞你"雅人深致"。

那时候，能与你相提并论的只有同郡张玄的妹妹张彤云。后来，你嫁到了王家，张彤云嫁到了顾家。济尼经常出入于王、顾两家，有人让他将你和张彤云比较，他说："王夫人神情散朗，故有林下风气；顾夫人清心玉映，自是闺房之秀。"在济尼看来，张彤云只不过是寻常妇女中的佼佼者，而你性情洒脱，有"竹林七贤"之风韵。

我相信，你定会喜欢这个评价。

你虽为女子，但是性情旷逸，潇洒不羁。

我知道，那是魏晋风流的韵致。

你欣赏的，是嵇康、阮籍那样狂放不羁、潇洒率真的男子。你喜欢的，是山水快意、诗酒风流。永和九年（353），你叔父谢安与王羲之、孙绰等人于会稽山阴的兰亭举行雅集，饮酒赋诗，纵论今古，后来产生了"千古第一行书"《兰亭集序》。那样的雅集，想必你定会神往。可惜你身为女子，夙愿难了。

道韫，我总是为你的婚事而难过。你想与之共赴余生的，是嵇康那样洒脱不羁的才子，却未能如愿。及笄之年，叔父谢安开始为你物色夫君人选。他将目光投向了琅琊王家。王谢两家既为近邻，又是世交，又皆为望族，当时有"王与谢共天下"之说，算是门当户对。

他先是看中了王羲之的第五子王徽之，听了王徽之的一些轶事，便放弃了将你嫁给他的念头。一次，王徽之与其弟弟王献之同在室内清谈，突然间起火，王徽之拔腿便跑，连鞋都顾不得穿，而王献之却并不着急，直到随从进来，才被搀扶着走出房门。你叔父喜欢的是王献之这样泰山崩于前而色不变的气度。

淝水之战中，你叔父运筹帷幄，正在与好友下棋时，捷报传来，他置若罔闻，继续下棋，好友担心地问前方战况如何，他慢悠悠地说："小儿辈遂已破贼。"还有那次，你叔父与孙绰等人泛舟于海上，突然间乌云密布，大浪滔天，余人皆惊慌不已，而他却独立船头，仰天长啸。因此，与王徽之相比，他更欣赏王献之。可惜，彼时的王献之年岁尚小。

而且，你叔父了解到，王徽之此人性情放荡不羁，处事甚是荒诞。他于雪夜乘扁舟前去造访戴安道，到了门前却并不敲门而入，而是默然而回，还说"乘兴而来，兴尽而返"。最终，你叔父将你嫁给了王羲之的次子王凝之。

你曾以为，王凝之既为大书法家王羲之之子，定是才华不凡、飘洒如风之人。因此，叔父将你嫁给他，你满心欢喜，也曾幻想婚后琴瑟在御、诗酒风流的生活。王凝之擅长草书和隶书，曾任江州刺史、会稽内史等职。在许多人看来，你和他的婚姻是天作之合。你不曾想到，这场婚姻竟成了你一生的悲哀。

王凝之固然也是才华不凡，但他少了几分风流潇洒，多了几分木讷持重。你生性不羁，不喜拘束，只愿活得随性飘洒，平日里总有不屑礼法之举。而他，偏偏是谨守礼法之人。对你的一些行为，他总会横加指责。因此，你喜欢的诗酒快意生活，不曾有过。更让你受不了的是，王凝之还沉迷于张天师所创之五斗米道。在你生病之后，他不是请大夫医治，而是焚香祷告。

因此，回到娘家，你总是闷闷不乐的模样。叔父问你缘故，你说：“我们谢家子弟个个都是俊逸飘洒之人，没想到天下竟有王郎这样的人！”我相信，对王凝之这样的人，你定是有鄙薄之心的。可以想象，你在王家的日子是苦闷的。你和王凝之虽日日厮守，而两颗心却始终隔着距离。

或许可以说，这场婚姻是你的牢笼。

人们说，婚姻就像坟墓。我想，这话你是认可的。

好的婚姻并非没有，只是可遇而不可求。

后来的那些年，你只能于文学、书法等方面自得其乐。于你，文字是一处田园，书法也是。王羲之为书法大家，他的书法足够你学习很久。

你善于诗文，也喜欢思辨。那日，王献之邀好友在厅堂辩论，渐渐落了下风。你闻讯后，想要为献之解围，可你身为女子，不便抛头露面。于是，你让婢女在门上挂了青幔，你就在青幔后面与客人展开辩论。一番辩论后，对方甘拜下风。

日子本来清净，但此时已是东晋末年，战乱频仍。后来，孙恩、卢循起义爆发，并且很快就攻到了会稽。那时候，王凝之任会稽内史。然而，身为地方官的他，不是领兵抗敌，而是终日祈求神灵护佑城中百姓，你多次劝说皆无果。最终，会稽城失守，王凝之和你们的子女皆被杀害。

道韫，你只是个弱女子，但是听闻丈夫和子女被杀，你带着家中女眷奋勇杀敌。那日，你的气魄不输须眉。后来，你抱着三岁的外孙刘涛被俘。所幸，孙恩念你是女子，又久闻你的才名，颇有敬意，便将你和刘涛送回了会稽。

丈夫没了，儿女也没了，就像漫漫长夜失去了灯火。但你，依旧活得从容。你孀居会稽，以山水为邻，以诗文为友，过着散淡的日子。你曾仿嵇康《游仙诗》写过一首《拟嵇中散咏松诗》，其中写道："时哉不我与，大运所飘摇。"你还曾在《登山》中写道："气象尔何物？遂令我屡迁。逝将宅斯宇，可以尽天年。"

孙恩的义军被平定后，新任会稽郡守刘柳曾去拜访你。你们的谈话内容无人知晓，知道的是，后来刘柳曾对人说："内史夫人风致高远，词理无滞，诚挚感人，一席谈论，受惠无穷。"

暮年的你，几分悠然，几分孤独。有山水相邻，有诗书相伴，生活还算有个着落。那时候，红尘俗事，你已不再过问。往事像是一张纸，飘在空中，终于落了地。

某日，会稽城里飞雪满天。

多年前，也是飞雪的日子，你说"未若柳絮因风起"。

蓦然回首，灯火稀疏。一切都太遥远。

【人物简介】

谢道韫，生卒年不详。东晋女诗人，谢安侄女，王羲之次子王凝之妻。自幼聪慧，少有才名。飞雪之日，吟出一句"未若柳絮因风起"，后世即以"咏絮之才"称赞女子才华。生性潇洒，颇好风雅，有林下之风。

陶渊明

为山水，来此人世

【点绛唇】

采菊东篱，此生最爱喧嚣少。
茅庐低小，流水清风绕。
诗酒云山，风景湖东好。
轻归棹，一川烟草，总把功名笑。

五柳先生：

我曾经想，你的桃花源到底在何处。

后来，终于知道，所谓的桃花源，在我们心里。

浮华尘世，我们可以在心中辟一块地，或独坐其中，饮酒听风；或在那里停云待月、种菊修篱。那时候，我们的身边没有尘世喧嚷，只有悠然的自己，与草木为友，与山水为邻。只是，那样的地方，世间之人大都寻访不得。

你出身名门，曾祖父陶侃为东晋开国元勋，官至大司马。你的祖父和父亲也曾任太守。但你九岁时父亲去世，家道中落，你的人生可谓一路坎坷。

尽管少时贫苦，但你从未停止读书。于儒家经典，你无所不读，尤其喜欢老庄作品。年岁渐长，你的心中有了大济苍生的志向，正如你在诗中所写：“猛志逸四海，骞翮思远翥。”然而，身处乱世，门阀制度森严，正所谓“上品无寒门，下品无世族”，你出身庶族，处处受人轻视。你的抱负，注定落空。

为了实现理想，也为了生计，你曾数次出仕为官。但你性情孤傲，不屑于阿谀逢迎，因此在官场处处碰壁。出任江州祭酒，因为不堪吏职，你不久便辞官。后来又出任镇军、建威参军，亦是时日未久便辞官而去。旧时官场，向来是一个乌烟瘴气的地方，乱世之中，更是鬼蜮横行，充满丑陋和黑暗。而你，性情磊落，不屑逢迎，自然难以容身其中。

四十一岁那年，你再次为官，任彭泽县令。一日，上司来巡视，你正在与幕僚饮酒闲聊。由于未曾整衣束带迎接，受到了上司的训斥。倔强孤傲如你，受不了这般侮辱。于是，当天晚上，你便脱去了官服，解下了官印。次日，你辞去县令之职，离开了彭泽，留下一句“吾不能为五斗米折腰，拳拳事乡里小人邪”。一千多年后，这话依旧在天空回响着。

彭泽县令，你仅做了八十一天。

然后，你决然而去。衣带生风，一身潇洒。

官场钩心斗角、尔虞我诈，不适合真正的诗人。你是属于诗、属于江山风月、属于山水田园的。生而为人，若不能完成夙愿，你宁可做个闲人，隐于山野，饮酒写诗。

这次，你彻底离开了官场。

你将一个清白的自己，交给了山水风月。

从此，你的日子成了悠然的模样。

你在《归去来兮辞》中写道：“归去来兮，请息交以绝游。世与我而相违，复驾言兮焉求？悦亲戚之情话，乐琴书以消忧。农人告余以春及，将有事于西畴。或命巾车，或棹孤舟。既窈窕以寻壑，亦崎岖而经丘。木欣欣以向荣，泉涓涓而始流。善万物之得时，感吾生之行休。”

渊明，我欣赏这样的你：读书抚琴，饮酒赋诗，偶尔乘车闲游，偶尔泛舟湖上。我知道，你所倾情的，从来都不是声名，而是琴书诗酒、山水云月。

你回到了属于你的地方，从此告别了喧嚣。你应该庆幸，你有个懂你的妻子。是她，温暖了你的半生时光。她温柔贤惠，不求富贵，只求安适。家境贫寒，你辞官归里，她很明白这意味着什么，但她从未抱怨，她理解你心里的苦。你的倔强与清高、悲伤和欢喜，她都懂得。

归去以后，你成了五柳先生，日出而作，日落而息。那时候，你是个寻常百姓。事实上，你并不懂得种田，正如你诗中所写："种豆南山下，草盛豆苗稀。"但你乐在其中，觉得心满意足，有山有水，有诗有酒，日子极是清雅。

你说，少无适俗韵，性本爱丘山；你说，开荒南野际，守拙归园田。只有回到山水之间，你才能找回那个曾经的自己。你在诗中写道："方宅十余亩，草屋八九间。榆柳荫后檐，桃李罗堂前。暧暧远人村，依依墟里烟。狗吠深巷中，鸡鸣桑树颠。户庭无尘杂，虚室有余闲。久在樊笼里，复得返自然。"显然，那时的你，就身处你笔下的桃花源。

你说："采菊东篱下，悠然见南山。山气日夕佳，飞鸟相与还。"这样的日子，许多人都幻想过，却只停留于幻想。心中有山水，才能真正走入山水。后来，因为失火，房屋被烧成瓦砾，你的生活每况愈下。我知道，晚年的你，是在贫困中度过的。尽管如此，你仍是那个悠然的诗人，饮酒写诗。孤傲倔强是你，乐天知命也是你。

你喜欢独酌于篱下，也喜欢好友造访，把酒酬唱。不过，你的朋友并不多。与你结交的，都是淡泊清雅之人。隐于山野，你极少结交官场之人，许多州郡官员慕名相邀，皆被你回绝了。唯独江州刺史王弘，让你另眼相看。或许是因为，他的身上多了几分风雅，少了几分俗气。

不过，最初他数次造访，都被你拒之门外。但他知道，你嗜酒如命。做彭泽县令时，你曾让人将所有的公田都种上可以酿酒的高粱。但因为妻儿的强烈反对，所以你只好答应，五十亩种高粱酿酒，五十亩种粳稻以供食用。

那日，他在你回家的路旁设了酒席，还让你的好友庞通在旁等候。你外出归来，见到庞通和酒席，便与之对酌起来。不久后，王弘出现，你见他谦逊有礼，便也请他入席。王弘虽身在官场，却也是旷逸之人，颇有名士风范，因此有幸成了你的朋友。那日之后，王弘成了你茅庐的常客。他知你贫寒，对你多有照拂，常以酒米相赠。

那年重阳节，你在篱下独自赏菊，抚琴吟唱，突然间酒兴大发，却是无酒可饮。你只好采了一束菊花，坐在茅舍前惆怅。不久后，一个白衣使者风尘仆仆而来。原来，是王弘派人来送酒。他知道，对你来说，九月九日，饮酒赏菊是极大的乐事，又知道你家贫无酒，所以送酒而来。

王弘任江州刺史四年，和你多有往来。你定然记得，和他把酒言欢的那些日子。后来，他离开了江州，你们还常有音书往来。有朋如此，你定会感到欣慰。

渊明，对你而言，朋友二字极有分量。

可惜，这世上，觥筹交错常有，雪中送炭少见。

红尘万丈，肝胆相照的朋友太少。

你的另一个好友是颜延之。你比他年长十九岁，但你们一见如故。那年，你五十一岁。颜延之在江州任后军功曹。他慕名造访，你见他潇洒俊逸，便接待了他。一番把酒倾谈后，你们成了好友。颜延之的才华和性情，你都欣赏。

颜延之虽在官场，但是比较清闲。因此，他时常造访你的茅舍。他知道你贫寒，每次都是携酒而至。自然，每次都是把酒言欢，醉意蒙眬。有时候，你喝醉便自顾自地睡去，而他也会尽兴而归，连招呼都不用打。

后来，颜延之前往别处任职，你们一别多年。再次相见时，你已到了花甲之年。他路过浔阳，专门去看你，你们饮了一天的酒。在你的茅舍，颜延之逗留了数日。离开前，他还留给你两万钱。可惜，一别之后，人各天涯，你们再未见面。

再后来，你因病离世，颜延之写了《陶征士诔》以作怀念。写罢，四十四岁的他已是泪眼模糊。所有的诗酒酬唱，都成了往事。你倒是去得从容，就像你在诗中所写："纵浪大化中，不喜亦不惧。""死去何所道，托体同山阿。"

可是，从此以后，尘世间再无五柳先生。

你的桃花源，世间之人仍旧在寻找。

那张无弦琴，却再无人弹起。

【人物简介】

陶渊明（365—427），名潜，字元亮，别号五柳先生。东晋末著名诗人。有济世之志，曾数度出仕。最后一次出仕，任彭泽县令，留下一句"吾不能为五斗米折腰"，辞官而去。其后，他隐于山水田园，饮酒写诗，被后世誉为"隐逸诗人之宗"。有《陶渊明集》传世。

苏小小

西泠桥畔自飘零

【一剪梅】

一叶扁舟无处横。人似浮萍，心似莲灯。
西湖烟雨照平生。来也飘零，去也飘零。
油壁车曾陌上行。花自多情，月自无声。
梅花万古总娉婷。生在西泠，死在西泠。

苏小小：

二十四岁那年，你飘出了红尘。

就像一朵梅花，零落山下，寂静无声。

但是，在我的印象中，你始终在你的小楼里饮酒写诗，几分惆怅，几分悠闲。你的遗言很简单：生在西泠，死在西泠，葬在西泠，不负一生爱好山水。你喜欢山水，于是将自己的一切安放在西泠桥畔，坐拥明山净水。

你的故人鲍仁此时已金榜题名，他来到杭州，却得知你已离世。依照你的遗言，他将你葬在西泠桥畔，墓前立碑，上面刻有“钱塘苏小小之墓”。在你离开后的千百年里，常有文人墨客来此凭吊，你应该会觉得温暖。你出身寒微，人们却不曾将你忘记。

鲍仁也是有心之人，不枉你从前的一片热肠。那年秋天，西湖之畔，你怀念着一个人，却在无意间遇见另一个人。这次遇见的，仍是一个俊雅公子，一身的书卷气，他叫鲍仁。你欣赏他，却也只是欣赏。你爱情的灯，早已熄灭。

鲍公子出身贫寒，在古寺中读书，想要入京参加科举，却没有盘缠。你虽身处风尘，却是古道热肠之人，听闻鲍公子的处境，毫不犹豫地变卖了不少首饰，资助他入京。我知道，你们之间的故事仅此而已。你资助于他，仅仅是一个生命对另一个生命的纯粹关照。就仿佛，他独行夜雨江湖，你为他点起了一盏灯。

世间之人行事，大都图名图利。

却也有人，如你这般，心甘情愿地付出。

红尘万丈，缺的就是这样的温暖。

小小，我知道，你喜欢结交风雅旷逸之人。你的朋友，可以贫寒，却不能庸俗。对于那些身份高贵却一身俗气的人，你总有鄙夷之心。所以，你愿意资助鲍仁，却对观察使孟浪不屑一顾。

那时候，孟浪因公事来到杭州。他久闻你的名气，想要一睹芳容，便在西湖畔设了酒席邀你前往。你拒绝了数次，无奈身份低微，最终只好心不甘情不愿地前往赴宴。酒席之上，孟浪命你以窗外的梅花为题作诗一首。你沉思片刻，便吟出一首五言诗："梅花虽傲骨，怎敢敌春寒？若更分红白，还须青眼看。"梅花傲雪，这就是你。在孟浪面前，你表现得不卑不亢。他无计可施，只好送你回家。

我欣赏你，就因为你一身傲骨。

红尘万丈，你凛然地开着，寂静而又风骨独具。

因为有你，西湖更多了几分灵动。

我曾去往西湖，在西泠桥畔立了很久。我知道，你就沉睡在那里。可我不敢靠近，怕打扰你安眠。你是个灵秀温婉的女子，配得上一湖水、一座桥。

在你离开三百多年后，诗人白居易写诗说："若解多情寻小小，绿杨深处是苏家。"他是个感性而多情的人，曾经为浔阳江头的琵琶女泪湿青衫。事实上，他也曾在杭州任刺史。可惜，你们隔着三百多年，无缘相识。在我看来，你是西湖的主人，而他只是过客。

小小，你出生的时候，杭州还叫钱塘，西湖还叫钱塘湖。你生于书香门第，祖上曾在东晋朝廷做官。你天生秀美而聪慧，而且喜读诗书。十五岁那年，父母相继离世，你成了乱世飘萍，不知何往。最终，你带着最好的年华，来到了西湖的西冷桥畔，临水而居。从此，你再未离开。

西湖林下那座小楼，就是你的住处。你带着父母留下的积蓄，过着安谧的日子。你痴情于山水，西湖是极佳的去处。此后的岁月，有山水相伴，有风月相随，你可以游山玩水，也可以读书写诗，日子也算清浅。

此后，西湖与你，好似各自的镜子。

你们相互映衬着风华。你离不开西湖，西湖亦离不开你。

那时候，当你漫步于西湖之畔，总会吸引无数少年的目光。当然，少女怀春，你的心里也有几分莫名的悸动。一日，你写下了这首诗："燕引莺招柳夹道，章台直接到西湖。春花秋月如相访，家住西冷妾姓苏。"

此后，你的小楼便总有少年造访，其中不乏俊逸飘洒、文采不凡之人。你与他们吟风赏月，把酒言欢，但这些人都不曾入你的眼。此时，在世俗之人眼中，你已是个风尘女子。只不过，对于那些流言蜚语，你很是不屑。活着，就要尽情尽兴，这就是你的态度。

那时候，也有豪商巨富想要娶你为侍妾，都被你冷冷地回绝了。你渴望一场爱情，但是能被你青眼相加的必须是才华横溢、丰神俊逸之人。于尘世，你从不求富贵荣华。手中积蓄越来越少，生计渐渐成了问题。你已做出决定：宁以歌妓为生，身自由，心干净，也不愿闷死在侯门内。

小小，我欣赏你，正是因为你的风骨。

几分孤绝，几分倔强，几分冷傲，这就是你。

后来，你毅然开始弹琴唱曲，成了真正的风尘女子。

然后，那场爱情如期而至。不知道，后来的你是否后悔过那样倾心的付出。反正，当那人出现在西湖畔，与你相遇，你是无比欢喜的。风姿绰约的你，飘洒俊逸的他，一见倾心，就像世间的许多相逢，不偏不倚，恰到好处。

一场爱情，在西泠桥畔悄然发生。夜月之下，把酒吟诗，一切都像是梦。你虽身处风尘，但你的小楼陈设素雅，几幅画，几卷书，一张琴，如此而已。春风旖旎的夜晚，你们喁喁私语，只有春风知道。

后来，你们经常携手，或同游陌上，或泛舟湖中。你在诗中写道：“妾乘油壁车，郎骑青骢马。何处结同心？西泠松柏下。”有时候，你坐油壁车，他骑青骢马，在山水间快意行走。一切，都是你曾经幻想过的模样。

公子叫阮郁，出身侯门贵族。在你们倾心相爱的时候，他被迫回到了家里，娶了一个门当户对的女子。在他走后，你整日等候在小楼上，年华一日日憔悴着。人们说，世间最毒的仇恨是有缘无分。阮郁未必是薄幸负心之人，但他的确是负了你。我知道，你是个深情的女子，从此之后，你不会再倾心于任何男子。

许多日子，你都以泪洗面。然后，你病倒了，后来虽好转，但因为心境黯淡，身体终是每况愈下。相爱时有多美好，离别后就有多凄凉。你要的岁月静好，只是一场空幻的梦。那时候，你虽然还能吟诵“满身月露清凉气，并作映日一喷香”等诗句，但你的心，终究是空荡荡的。

终于，你再次病倒。梅花凌寒而生，却终要凋零。不知不觉，你已走到了生命的尽头。我知道，最后那几年，你每日都在承受着煎熬。这次，你再也没有好起来。不久后，你便离开了人世。二十四岁，年华正好。

大千世界，属于你的只有山水草木、诗酒风月。你活得洒脱而尽情，只是来去匆匆。不知道，对于那场开始如陌上花开、结尾如秋月无言的爱情，你到底做何感想。我想，你不会后悔。倾情付出，是你的性格。

后来，文人雅士经过西泠桥畔，总会带着敬意拜谒赋诗。一千多年后，文人朱彝尊写过一首《梅花引·苏小小墓》："小溪澄，小桥横，小小坟前松柏声。碧云停，碧云停，凝想往时，香车油壁轻。溪流飞遍红襟鸟，桥头生遍红心草。雨初晴，雨初晴，寒食落花，青骢不忍行。"也是一千多年后，乾隆皇帝南巡至杭州，曾问起你的陵墓。数年后，他再次南巡，曾亲自凭吊你的陵墓。

可惜，无论是谁，都只能凭吊。

你转身离开，去得太远。时光如海，谁也跨不过去。

我知道，你还在西泠桥畔，守护着云水。

【人物简介】

苏小小，生卒年不详，南齐时之江南名妓，温婉可人，才华横溢，二十四岁离世，葬于西湖西泠桥畔，墓前有碑，题曰"钱塘苏小小之墓"。后来，苏小小的墓前常有文人墨客前往凭吊，赋诗纪念。

李隆基

半生英明，
半世昏庸

【叹开元盛世】

歌舞升平终有尽，渔阳鼙鼓动山河。
马嵬坡下红颜死，夜雨声中白发多。
盛世已如云散落，华年曾似梦消磨。
是非功过空无迹，留待渔樵酒后歌。

唐玄宗：

离世时，你定会想起那倾世红颜。

你定会想起，那些年，你们曾经尽情欢愉。

你定会想起，曾经有一段岁月叫开元盛世。那是你亲手开创的，也是你亲手毁掉的。命运是公平的，给了你辉煌，也给了你萧瑟。你曾独立于江山之巅，笑傲红尘；后来，垂暮之年，你几乎失去了一切，没有权力，没有自由，没有尊严。

你是大唐王朝在位时间最长的皇帝，在位四十四年。天宝十五载（756），你被尊为太上皇。返回长安后，你被软禁了起来，万里江山已属于别人。六年后，你在冷寂和孤独中病逝，终年七十八岁。

一生，就像是一场长梦。

梦醒时，已是离开之时。残阳饮血，落花满地。

你终是去了，任后人褒扬和贬斥。

你出生的时候，祖父李治为大唐天子。六岁那年，祖母武则天称帝，成了中国历史上唯一的女皇帝。她在位前期，精于权谋，改革吏治；但是在位后期，她独断专行，大唐王朝呈现衰败迹象。

你天生聪颖，有帝王之相。七岁那年，宫里举行祭祀仪式，时为金吾大将军的武懿宗任意呵斥侍卫，你怒目圆睁，训斥道："这是我李家的朝堂，你算什么东西，竟敢呵斥我家侍卫！"说罢，拂袖而去。

后来，朝臣发动政变，你祖母武则天不得不让位于中宗李显。然而，中宗软弱，大唐权力逐渐为韦皇后和安乐公主所掌控，此前发动政变的朝臣大都被逐出了朝野，太子李重俊和中宗先后被杀害。韦皇后甚至试图仿效你祖母，登基为皇帝。

一系列的政变，你都亲眼看着。身为李氏子孙，你发誓夺回政权。事实证明，你有这个能力。你有能力拯救多灾多难的大唐，也有能力成为一代明主。

二十六岁那年，为了拯救山河社稷，你起兵铲除了韦皇后和安乐公主乱政集团，拥戴父亲睿宗登基。两年后，睿宗禅位给你。此时，太平公主权倾天下，恃宠而骄。你设计粉碎了其发动政变的阴谋，并且赐死了她。其后，你改年号为开元，发誓要开创一个盛世。事实证明，你做到了。

那时候，你励精图治，革除弊政，拨乱反正，任用贤能，姚崇、宋璟、张九龄等人受到了重用。终于，大唐王朝进入了开元盛世。那时候的大唐，河清海晏，万国来朝。后来的一千多年里，说起开元盛世，人们总是神往不已。诗圣杜甫曾在诗中这样写道："忆昔开元全盛日，小邑犹藏万家室。稻米流脂粟米白，公私仓廪俱丰实。"那样的盛世华章，持续了数十年。

然而，世间之事，总在起落之间。

江山亦是如此，有盛便有衰，有兴便有败。

开元盛世，终是在你手中凋零了。

后来，你变了，不再是从前那个励精图治、勤勉政事的李隆基。当年，你厌恶奢靡，提倡节俭。多年后，你变得穷奢极欲，竟然"以国用丰衍，故视金帛如粪壤，赏赐贵宠之家，无有限极”。你对宠幸之人，动辄赏赐过万。杨贵妃三姐妹受你娇宠，每月仅脂粉费就可领十万钱。每次出游，你都大讲排场，宝马香车，冠盖如云。往来之处，珠翠之物随处可见。彼时的你，已从一个振兴王朝的开明天子，变成了贪图享乐的昏庸皇帝。

你变得独断专行。从前，你就像当年的太宗皇帝，颇能纳谏。宋璟多次犯颜直谏，你不仅同意了他的谏言，还以金帛赏赐。后来，张九龄和李林甫为相。张九龄的直谏，你已听不进去；而李林甫的曲意逢迎，你却甚感欢喜。而且，你听从了李林甫的谗言，罢免了张九龄的宰相之职。

开元二十四年（736），朔方节度使牛仙客因李林甫力荐，被擢为相。监察御史周子谅弹劾牛仙客无宰相之才，你命人将其毒打一顿后，又将其流放。周子谅行至蓝田，因伤重而死。从此以后，少有人敢于谏言。此时的你，已没有了当初的知人之明。

事实上，后期的你，算得上昏聩。当初，你对皇亲国戚多有限制，不使他们有特权。那时候，王仙童触犯律法，你的异母弟弟薛王为之求情，你并未纵容，而是依法惩办了王仙童。那时候，皇后的妹夫殴打御史大夫，你将其当堂杖毙，以儆效尤。然而，多年后，你宠幸杨氏一门，对杨家子弟任意封赏，他们作奸犯科，你总是不闻不问。与此形成对比的是，由于表妹武惠妃的挑唆，你一日之内将太子李瑛、鄂王李瑶、光王李琚三个儿子杀害。

那时候的你，已不复从前的英姿勃发。

你纵情声色，斗鸡走狗，沉醉于歌舞升平。

一个盛世，就像一场花事，渐渐到了零落成泥的时候。

武惠妃去世后，沉湎于声色的你觉得后宫佳丽皆不如意，于是多方寻觅佳人。寿王李瑁的妃子杨玉环天姿国色，美艳无双，你听说后，便将她召入了宫中。杨玉环通音律，善歌舞，又善解人意，很是得你欢心。后来，她被你立为贵妃，集万千宠爱于一身。

她的确是美的。那次，你和她把酒言欢，让李太白作诗，他写了三首《清平调》，其中写道："一枝红艳露凝香，云雨巫山枉断肠。借问汉宫谁得似，可怜飞燕倚新妆。"

再后来，日子变得旖旎而荒唐。你整日厮混于后宫，与杨贵妃缠绵。你喜欢听她弹琴，也喜欢看她起舞。你还为她谱写了《霓裳羽衣曲》。半个多世纪后，诗人白居易在《长恨歌》中写道："春寒赐浴华清池，温泉水滑洗凝脂。侍儿扶起娇无力，始是新承恩泽时。云鬓花颜金步摇，芙蓉帐暖度春宵。春宵苦短日高起，从此君王不早朝。承欢侍宴无闲暇，春从春游夜专夜。后宫佳丽三千人，三千宠爱在一身。"

贵妃喜吃荔枝，你便派人将荔枝从遥远的岭南马不停蹄地运往长安。百年后，诗人杜牧诗云："长安回望绣成堆，山顶千门次第开。一骑红尘妃子笑，无人知是荔枝来。"那时候，开元盛世早已不在，大唐王朝已是风雨飘摇。

终于，属于你的时代结束了。

盛世华年，在一片刀光剑影中画上了惊叹号。

我知道，安史之乱始终是你的伤痕。

许是某个黄昏，你的贵妃如常般欢歌曼舞，而你则是醉眼迷离。突然间，马蹄声传来，惊破了《霓裳羽衣舞》。紧接着，鼓角争鸣，烽火连城。一个叫安禄山的人，曾为你表演胡旋舞，此时策马提剑而来。你亲手缔造的开元盛世，历经八年的战乱，碎裂成尘。从此以后，大唐王朝日渐衰败，再也没有缓过来。

那年，你七十一岁。安禄山起兵叛乱。承平已久的大唐王朝，突然间一片凌乱。次年六月，叛军攻入长安。你带着杨贵妃等人逃向蜀中。太子李亨趁机在灵武即位。从此，江山易主，你承受了六年的凄凉。不知道，那时的你，是否后悔后半生的作为。

你深爱的红颜，死于马嵬坡下。危难时刻，你无法护她周全，想必你定然自责过。我知道，战乱之中，你有你的无奈。后来的那些年，你定会时常忆起那红颜，忆起你们缱绻缠绵的日子。

然而，往事终究只是往事。

就连你自己，也终于成了岁月的往事。

属于岁月的，终须还给岁月。

【人物简介】

李隆基（685—762），唐睿宗第三子，庙号玄宗，为唐朝在位时间最长的皇帝。公元 712 年登基，前期励精图治，开创了开元盛世；后期纵情声色，荒废朝政，导致了历时八年的安史之乱，大唐王朝从此一蹶不振。宝应元年（762）病逝于长安，终年七十八岁。

贺知章

四明狂客

【菩萨蛮】

疏狂只爱风和月，功名直似林间雪。
陌上遇诗仙，金龟换酒钱。
一朝归去后，烟水还如旧。
独坐镜湖滨，云来是故人。

季真：

你来自山水之间，又回到了山水之间。

我想，旧时的读书人，都会羡慕你的人生。

可以说，你将一段寻常的人生，过成了一首长诗。诗的开头是少有诗名，才华横溢；诗的结尾是功成名就，退隐林泉。八十六岁那年，你辞官而去，隐于山阴镜湖之畔。离开朝廷前，你让天子为你的儿子取名，他说人生于世，最重要的是诚信，孚即是信的意思，便让你为儿子取名贺孚。

回到故里，早已是物是人非。你写诗道："儿童相见不相识，笑问客从何处来。"但日子毕竟是清闲快意的。只是，你已走到了生命的尽头。镜湖的水，如从前般清幽，你写诗说："唯有门前镜湖水，春风不改旧时波。"就这样，赏山看水，饮酒写诗。最终，你在山水之间离开了尘世。临终，你恍然大悟，那个"孚"字，是爪子下面一个子字，天子和你开了个玩笑，让你的儿子叫贺爪子。

你生于越州永兴，后来迁居到了山阴。我生于塞北，总是羡慕那些出生于江南的人，可以在云水间长大，日日所见皆是小桥流水、烟雨画楼。镜湖那一汪水，我总是为之神往。我曾无数次想过，我应闲居于斯，流连山水，泛舟湖上，于诗酒中流放光阴。

你天生聪颖，少有才名。当时，你的一个远房表兄陆景初和你相交甚笃。你生性旷逸不羁，陆景初常跟别人说你落拓不羁，是真正的风流之人。他还说，与别人分别再久也不会挂念，但是与你即便只是一日不见，便觉得心里充满鄙吝之气。

三十二岁那年，武则天登基称帝。那样的时代里，一个女子威严地坐在江山之巅，不知你做何感想。不管怎样，你仍在赏景读书。三十七岁，你考中了状元，是浙江历史上首位有史料记载的状元。

考中状元之后，你被任命为国子四门博士，后又迁官太常博士。六十四岁那年，因张说推荐，你进入丽正殿，参与编撰《六典》《文纂》等书，其后又迁官太常少卿。三年后，你被任命为礼部侍郎、集贤院学士，后又任工部侍郎等职。七十岁那年，你任太子宾客、银青光禄大夫兼正授秘书监。在你因病离世后，肃宗又追封你为礼部尚书。仕途之上，你不曾青云直上，却也是兢兢业业。

开元十二年，玄宗决定封禅泰山。因为天上有五方五帝，分别为中央黄帝、东方青帝、南方赤帝、西方白帝、北方黑帝，玄宗便询问时为太常博士的你，该如何祭拜。你揣度玄宗的意思，回答说，其他四帝皆为黄帝的臣属，所以天子只需祭拜黄帝，而由群臣于山下祭拜其他四帝即可。此后，你受玄宗欣赏，可谓顺风顺水。

朝堂之上，有人欣赏你，便有人嫉妒你。因为你来自江南，不少朝臣便嘲笑你的南方口音。而你不以为意，还写了一首《答朝士》："钑镂银盘盛蛤蜊，镜湖莼菜乱如丝。乡曲近来佳此味，遮渠不道是吴儿。"意思是，莼菜等物中原人也喜欢吃，并不会介意其来自南方。

张九龄为广东人，任宰相时一直瞧不上你，因此你始终未能升职。他被罢相后，对你说，一直没让你升职，深表歉意。你却只是笑笑，说道："以前您在朝中任宰相，没人敢嘲笑我来自南方。如今您罢相离开朝廷，朝臣又要拿我这个南方人开玩笑了。”你就是这样，幽默而又旷达。

而我最欣赏的，是你的疏狂。

你的故乡有座四明山，你便自号四明狂客。

事实上，你的人生也不负这个狂字。

很可惜，你的诗大都散佚，无法从诗中找到狷狂之意。幸好，你除了写诗，还喜欢书法和饮酒，这两者都充分体现了你的疏狂。人们只知你是个诗人，其实，你的书法亦是不逊于人。你与张旭、张若虚、包融并称“吴中四士”。唐代书法家窦臮十分欣赏你的书法，评论说“与造化相争，非人工所到”。据说，画圣吴道子还曾向你学过书法。

张旭擅长草书，被称为“草圣”。他常在酒醉后笔走龙蛇，即使在王侯贵胄面前亦不会有丝毫收敛。杜甫在《饮中八仙歌》中写道：“张旭三杯草圣传，脱帽露顶王公前，挥毫落纸如云烟。”因此，人们也喜欢称其为“张颠”。

而你，如那癫狂的张旭，也喜欢草书，也喜欢于酒后挥毫。兴之所至，墙壁或者屏风，都可以成为你的落笔之处。书圣王羲之的书法，被人称作“翩若惊鸿，婉若游龙”。而你的传世作品《孝经卷》被世人称赞“纵笔如飞，一气呵成，龙蛇飞舞，神采奕奕”。对于你的书法，多年后，温庭筠曾评价说：“知章草题诗，笔力遒健，风尚高远。”人都说，字如其人，你生性狂放，难怪书法也如龙蛇飞舞。

季真，你天生好酒，一生都不舍这个酒字。长安的酒肆，总有你醉意蒙眬的身影。杜甫在《饮中八仙歌》中如此写你：“知章骑马似乘船，眼花落井水底眠。”当然，最让人津津乐道的，是那次你与李太白把酒言欢。

天宝元年，太白独自来到长安。那日，他闲游陌上，与你不期而遇。八十四岁的你，在朝廷德高望重，因此太白对你甚是仰慕。太白的诗名和风流不羁的性情，你亦是早有耳闻。于是，尽管相差四十二岁，你们却是一见如故。读了太白的《蜀道难》，又见他气质非凡，惊叹之余，你称他为“谪仙人”。

那日黄昏，你们到酒馆饮酒。皆是旷逸之人，虽为初见，却是相谈甚欢。喝到兴头上，却发现所带酒钱不够，于是你毫不犹豫地解下腰间佩戴的金龟，作了酒钱。那日，你们醉醺醺地离开酒馆。

此后，你们便成了好友。你告老还乡，太白以诗相赠，他说：“镜湖流水漾清波，狂客归舟逸兴多。”在你离世后，太白饮酒时忆起了你，甚是感伤，于是写了《对酒忆贺监二首并序》（其一）：“四明有狂客，风流贺季真。长安一相见，呼我谪仙人。昔好杯中物，翻为松下尘。金龟换酒处，却忆泪沾巾。”

其实，很多时候，你的囊中是备着酒钱的。那次，你外出游赏，见袁氏别墅风景秀美，尽管你与袁氏彼此陌生，你还是私自进去玩赏，还写了首《题袁氏别业》诗：“主人不相识，偶坐为林泉。莫谩愁沽酒，囊中自有钱。”在你的身上，我看到的是魏晋名士的风流。

天宝三年，你八十六岁，生了一场大病，于是请求辞官归里。玄宗答应了你的请求，并且同意将你在京城的宅院捐出作为道观。玄宗特意下诏，赐你镜湖一曲。离开京城时，玄宗率百官为你送行。而且，他还写诗相赠。诗中写道：“遗荣期入道，辞老竟抽簪。岂不惜贤达，其如高尚心。寰中得秘要，方外散幽襟。独有青门饯，群英怅别深。”

你目睹了大唐王朝一步步走向兴盛，走向开元盛世。你很幸运，没有看到王朝的衰败。在你离世十一年后，安史之乱爆发，大唐王朝从此风雨飘摇。想必，在你看到玄宗开始纵情声色的时候，你就意识到了危机。只是，耄耋之年的你，已不愿过问俗事。而且你也清楚，盛衰起落，自有其时。

回到山阴，你住在镜湖之畔，诗酒自娱。然后，你终于放下了酒杯和诗笔，也放下了山川风月。白发苍苍的你，将自己还给了岁月，走得寂静而从容。或许，我们一生奔走，不过是为了一次淡然的回归。

你去了，镜湖的水依然清幽。

自然，还有许多人，流连湖畔，泛舟湖上。

我相信，他们总会想起，你曾在那里。

【人物简介】

贺知章（659—744），字季真。少有才名，科举登第后，为官数十年。性情洒脱不羁，晚年自号“四明狂客”。八十六岁辞官，隐于镜湖之畔，不久后离世。他与张旭、张若虚、包融并称“吴中四士”。

李白

出走半生，
归来仍是少年

【满江红】

独自凭栏，古今事，晴空月照。
金樽里，浮生如梦，去来缥缈。
古剑难平阡陌恨，大鹏易至蓬莱岛。
须尽欢，醉意满湖山，轻归棹。
踏清秋，行人少；悲白发，敬亭老。
又兴酣，沧海纵横吟啸。
揽月但嫌知己远，举杯谢却君王召。
酒中仙，风雨任飘摇，仰天笑。

太白：

有人说，你是因病而逝。

也有人说，你是因水中捉月而逝。

人们说，那夜你在江上饮酒，见到水中月亮的倒影，便跃入水中捉月，不幸溺亡。这样的说法，虽无法证实，却符合你的性格。我曾经过当涂，立于你的墓前，遥想你诗意纵横的一生。突然间觉得很遗憾，我们隔得太远。

你在当涂养病期间，朋友杜甫曾写诗寄给你，他在诗中写道："昔年有狂客，号尔谪仙人。笔落惊风雨，诗成泣鬼神。"你是个十足的诗人，但是了解你的人都知道，你并不满足于只做个吟风弄月的诗人。你曾说："愿为辅弼，使寰区大定，海县清一。"你的理想是做管仲乐毅那样的人物，安济天下。可惜，直到最后，你的理想也未能实现。

狂傲不羁，风流恣肆，这就是你；一人一剑，来去飘洒，这就是你。你气宇非凡，颇有仙风道骨，因此贺知章初见你，便称你为"谪仙人"。而你自己，也自称"狂人"。你在诗中写道："我本楚狂人，凤歌笑孔丘。手持绿玉杖，朝别黄鹤楼。"这样狂放不羁的你，注定难容于钩心斗角的官场。

天宝元年秋，四十二岁的你被召入京。入京前，你写诗说："仰天大笑出门去，我辈岂是蓬蒿人。"你曾以为，此番入京，定能实现抱负。入朝后，你受到了玄宗的盛情款待，他还亲自为你调制羹汤。

然而，玄宗只是让你做了个翰林待诏。你曾借着几分酒意，写诗称赞那倾国红颜：“云想衣裳花想容，春风拂槛露华浓。若非群玉山头见，会向瑶台月下逢。”关于你在宫中的日子，人们总会说起贵妃捧砚、力士脱靴等典故，虽难辨真假，倒是符合你的性情。

你志向高远，不愿只做个粉饰太平的御用文人。日子久了，你厌倦了那个食之无味弃之可惜的职位，将自己交给了诗酒。你生平嗜酒如命，无酒不欢。许多日子，你出入于长安市上酒馆，醉了便酣睡在那里。好友杜甫在《饮中八仙歌》中写道：“李白一斗诗百篇，长安市上酒家眠，天子呼来不上船，自称臣是酒中仙。”你自己则说：“且乐生前一杯酒，何须身后千载名。”似乎，你永远是那个醉醺醺的模样。对你来说，有风有月，有诗有酒，日子就是丰盛的。

太白，你去过很多地方，因为性情率真，所到之处总能交到朋友。我知道，你所结交的，大都是如你般清澈傲岸的才子。若非性情相投，哪怕对方是王侯贵胄，你也不屑与之交往。事实上，你始终睥睨权贵，如你在诗中所写：“安能摧眉折腰事权贵，使我不得开心颜。”很多时候，你宁可与贫寒之士把酒言欢，也不愿与权贵说上三言两语。

人们说，你有魏晋名士的风采。

你的狂傲，你的潇洒，都与阮籍、嵇康等人相似。

当然，这样的你，注定只能游走于诗酒云山。

那年，你与韩准、裴政、孔巢父、张叔明、陶沔隐居于徂徕山。那里山明水净，林壑幽美，是隐居的绝佳之处。你们在竹溪之畔，吟风赏月，把酒赋诗，日子甚是清雅。那样的情景，与当年的竹林七贤极是相似。也因此，你们被称为“竹溪六逸”。

四十四岁那年，你被玄宗赐金放还。在洛阳，你遇到了杜甫。尽管他比你小十一岁，但你们性情相投，相见恨晚。一番把酒倾谈后，你们已是彼此的知己。洛阳城里，同游陌上，把酒花间，极是畅快。有时候，醉了便抵足而眠。你们是朋友，亦是兄弟。临别前，你们相约于秋天同游梁宋。

这年秋，你们如期赴约。让你们欣喜的是，在梁宋你们还邂逅了漫游于此的高适。每每想起你们同游共醉的日子，我总是羡慕不已。坐卧云下、对酌酒家，与山水为邻，与诗酒为友，这样的日子才叫日子。某日，半醉半醒之际，你写了首《侠客行》，其中写道：“十步杀一人，千里不留行。事了拂衣去，深藏身与名。”你喜欢这样的快意恩仇。

世间相聚，总要以离别为结尾。

真实的生活便是如此，有相聚有别离，有欢喜有惆怅。

就像，花有开有谢，月有圆有缺。

离别时，杜甫赠诗给你，他说：“痛饮狂歌空度日，飞扬跋扈为谁雄。”别后，忆起你，杜甫写诗说：“白也诗无敌，飘然思不群。清新庾开府，俊逸鲍参军。……何时一尊酒，重与细论文。”再次相聚，又是一个秋天。你们同游东鲁，醉眠秋月。临别，你写诗赠给杜甫，你说：“飞蓬各自远，且尽手中杯。”此后，你们再未见面。各自天涯，只能音书往来。

幸好，世间与你把酒酬唱的人还有很多。那年在会稽，你凭吊过贺知章后，与孔巢父和元丹丘畅游兰亭，泛舟镜湖；其后，在金陵，你与崔成甫闲游秦淮河，推杯换盏。

五十四岁那年，你在南陵。汪伦对你仰慕已久，便写信邀你前往家中做客，还声称那里有十里桃花、万家酒店。你天性好酒，便兴冲冲地去了。你受到了汪伦的盛情款待，却未见到他信中所言之美景。原来，当地有潭水名桃花。至于万家酒店，乃是因为其主人姓万。不过，你并未因此不悦，且在那里逗留数日才离开，还写诗赠汪伦说："桃花潭水深千尺，不及汪伦送我情。"

狂放不羁是你，率性天真也是你。

我欣赏的，就是这个生于红尘、却从未被世俗改变的你。

或许可以说，直到最后，你都是个天真的孩子。

你喜欢游山玩水，也喜欢登高赋诗。但是立于黄鹤楼上，你却颇为踌躇。在你之前，崔颢登上黄鹤楼，写了首《黄鹤楼》。于是，那日的你不曾赋诗，你说："眼前有景道不得，崔颢题诗在上头。"你自问，即使题诗也难以超越崔颢那首，于是便作罢。

太白，你的诗里多的是江山风月，少的是烟火生活。但人们知道，你有过几段婚姻。你的几任夫人，皆出自名门。五十一岁那年，你重游梁园，迎娶了宗楚客之孙女。宗夫人温柔贤淑，你们相敬如宾。不过，人们更喜欢的，是那段若有似无的往事。

据说，当日你于梁园醉酒，一时诗兴大发，便挥笔在墙壁上写了首《梁园吟》。不久后，宗氏来到梁园，看见壁上之诗，甚是欣赏，便花千金买下了那面墙壁。后来，她嫁给了你。那些艰难岁月里，她始终不离不弃。

人们说，你与玉真公主一见钟情，后者向玄宗推荐你，你才有机会进入宫廷。后来，玉真公主于宣城敬亭山修道，你便来到宣城，诗酒度日，还写了首《独坐敬亭山》：“众鸟高飞尽，孤云独去闲。相看两不厌，只有敬亭山。”我知道，这只是世人杜撰。不过，你的确在宣城居住数年，这里山水相宜，符合你的性情。

你五十五岁那年，安史之乱爆发，一个盛世突然间风雨飘摇。后来，肃宗即位，你因为在永王李璘军营参与东巡而入狱。后来，你被判流放夜郎。数年后，你虽被赦，却已到了人生的暮年。六十二岁，你写了首《临终歌》，飘出了红尘。

一千多年后，诗人余光中写诗说：“酒入豪肠，七分酿成了月光，余下的三分啸成剑气，绣口一吐，就半个盛唐。”的确，说起盛唐，人们总会想起你。

你说，人生在世不称意，明朝散发弄扁舟；你说，天生我材必有用，千金散尽还复来。生于尘世，你要的是潇洒快意，以自己喜欢的方式过好一生。

出走半生，归来仍是少年，这就是你。

一轮月，一把剑，一壶酒，仰天大笑，这就是你。

整个世界，在你的笑声里沉寂。

【人物简介】

李白（701—762），字太白，号青莲居士。唐代著名诗人，被后代誉为“诗仙”，与杜甫并称“李杜”。性情豪放，来去飘然，嗜好饮酒，有魏晋之风，被称为“谪仙人”。有《李太白集》传世。

杜甫

有一种深情，叫作慈悲

【寄杜少陵】

忆昔多愁杜少陵，红尘万丈总飘零。
半生把酒华年逝，一世忧民白发生。
竹径吟诗清梦断，草堂临水野舟横。
任凭浮世多憔悴，终有千秋万岁名。

子美：

你心怀慈悲，却一生不得志。

你心存黎民社稷，却落得满心凄凉。

幸好，你有一支笔，可以吟诵风月，可以将悲悯寄予文字。在那个属于诗的年代，你如许多诗人，喜欢游山玩水，也喜欢把酒临风。只是，酒浓之时，蓦然想起苍生疾苦，你总会心境黯然。终究，你心里想的，除了诗酒风月，还有江山社稷。你的人生志向是“致君尧舜上，再使风俗淳”。你和你的朋友李白一样，都有辅弼天下、济世安民之心。然而，你们最终都壮志未酬。

你出生的那年，李隆基登基，即唐玄宗。这个二十八岁的天子，励精图治，任用贤能，经过不懈的努力，让一个王朝走向了盛世。可惜，在那段叫作开元盛世的岁月里，你的才华未能被善用。这是你永远的伤。

你天生聪慧，六七岁便可吟诗。多年以后，忆起年少时，你写了首《壮游》，其中写道：“往昔十四五，出游翰墨场。斯文崔魏徒，以我似班扬。七龄思即壮，开口咏凤凰。九龄书大字，有作成一囊。性豪业嗜酒，嫉恶怀刚肠。”天赋异禀，加上勤勉苦读，你的学业进步极快。

当然，年少时你虽聪慧，深得长辈宠爱，却也很淘气，常惹父母生气。晚年时，回忆童年时光，你写诗说：“忆昔十五心尚孩，健如黄犊走复来。庭前八月梨枣熟，一日上树能千回。”年少时，我们都有过贪玩、不识愁滋味的时光。

那时候，你时常出入于岐王李隆范和中书监崔涤的府邸，并且结识了善歌的李龟年。五十八岁那年，你漂泊潭州，与流落江南的李龟年重逢，再次听到他的歌声，不禁感慨丛生，你在诗中写道：“正是江南好风景，落花时节又逢君。”那时候，经历了安史之乱，大唐已不再是从前的繁华模样。满地的落花，属于江南暮春，也属于破碎的大唐时光。

在你年少轻狂的时候，大唐王朝正值华年盛世。彼时，王维已走上了仕途，李白已开始仗剑远游。我知道，二十岁那年，你也曾畅游江南。烟雨江南，你常与人把酒酬唱，纵论世事。印象中的你，总是苍凉和悲伤的，但其实，年轻的时候，你也有过坐卧云山、流连诗酒的日子。你还想过，沿江而下去往传说中的扶桑，可惜由于各种现实因素，不得不放弃这个计划。

子美，在江南，错过了太白，你定然失落过。不过，后来你们终于相逢于人海。那是天宝三载（744），三十三岁的你在洛阳城遇见了被玄宗赐金放还的太白。你们同游多日，日日都是醉意翩跹的模样。那年秋天，你们又同游梁宋，并且邂逅了高适。对于你们同游陌上、把酒花前的那些日子，我总是无比神往。可惜的是，我生于一千多年后，诗酒流连的画面已难以寻觅。如今的人们，推杯换盏之间少了诗，再无多年前的风雅。

时光零落后，留下的只是一地碎屑。

风流快意、诗酒迷离，终究只是陈年旧事。

我越是神往，也就越是难过。

二十五岁那年，你参加科举，却遗憾落第。其后，你闲游于齐赵等地，寻幽探古，把酒临风，过着裘马轻狂的生活。与好友打猎，你写诗说："骁腾有如此，万里可横行。"登临泰山，你写诗说："会当凌绝顶，一览众山小。"此时的你，仍是意气风发。

天宝四载（745），你作别太白，只身来到了长安。自然，你是为了实现终身抱负。可惜，多次投诗干谒皆无果。两年后，玄宗开设制科考试，诏令凡有一技之长者皆能入京参加考试。你参加了这次考试。然而，只手遮天的宰相李林甫在考试中施展手段，以致无人被录取。而他给玄宗的答复竟然是野无遗贤。对此，你非常气愤，却也无计可施。后来，你在诗中写道："翻手作云覆手雨，纷纷轻薄何须数。"

那年，玄宗举行祭祀大典，四十岁的你进献三大礼赋，分别为《朝献太清宫赋》《朝享太庙赋》《有事于南郊赋》。玄宗读后大为赞赏，便让你待制集贤院，还命宰相考核你的诗文。此后，你虽在朝廷数度任职，终究与你的抱负相去甚远。

那些年，曾经意气风发、勤于政事的玄宗已变得贪图享乐、纵情声色。他对杨贵妃无限娇宠，而且杨贵妃的族人也多受重用，杨国忠甚至登上了相位。你在《丽人行》中写道："炙手可热势绝伦，慎莫近前丞相嗔！"

安史之乱爆发后，你辗转各地，颠沛流离。尽管如此，你心里想的最多的，仍是黎民百姓。你知道，烽火连城的岁月里，百姓流离失所，衣食难继。可你没办法，只能一边写诗表达哀伤，一边在心里滴血。

大历三年（768），你五十七岁。你想回故乡看看，乘舟而行。在湖南岳阳，你登上了岳阳楼，白发苍苍的你在那首《登岳阳楼》中写道："亲朋无一字，老病有孤舟。"登高望远，看到的是一片荒凉。

两年后的冬天，你在一条小船上离世。

漂泊多年，终于归于沉寂。

子美，你人生偃蹇，壮志难酬，但你有一场美丽的爱情，我羡慕不已。一千多年后，诗人木心诗云："从前的日色变得慢。车，马，邮件都慢，一生只够爱一个人。"一生只爱一个人，你做到了。你的爱情里，没有朝秦暮楚，只有一往情深。

三十岁那年，你迎娶了司农少卿杨怡之女为妻。那年，她二十岁，风姿绰约，巧笑嫣然。她知书达理，懂你的悲喜。后来，日子清苦，你们始终相濡以沫，不离不弃。我想，最美的爱情，不是轰轰烈烈，而是相依相伴，从少年到白头。

安史之乱爆发后，你曾被俘。中秋之夜，想起了妻儿，你在那首《月夜》中写道："遥怜小儿女，未解忆长安。香雾云鬟湿，清辉玉臂寒。"后来终于重逢，你又写诗道："妻孥怪我在，惊定还拭泪。世乱遭飘荡，生还偶然遂。邻人满墙头，感叹亦歔欷。夜阑更秉烛，相对如梦寐。"人们都说你古板，没想到，反而是你的诗里有这般儿女情长。

四十八岁那年，你几经辗转来到了成都。在好友严武等人的帮助下，你在浣花溪畔建了一座草堂，人们称之为"杜甫草堂"。浣花溪畔景色如画，竹径茅庐、野桥流水，应有尽有。在那里，你终于过了几天舒心安谧的日子。有妻儿，有诗酒，日子极是温暖。

那时候，妻子有时陪你泛舟。你在那首《进艇》中这样写道："昼引老妻乘小艇，晴看稚子浴清江。"那是个风清日朗的日子。你携手妻子，泛舟于浣花溪上。而不远处，孩子们在日光下嬉戏。

有时候，闲来无事前往垂钓，或者与妻子对弈于篱下。你在《江村》中写道："自去自来堂上燕，相亲相近水中鸥。老妻画纸为棋局，稚子敲针作钓钩。"有妻儿在侧，有鸥鸟为邻，有诗酒在怀，日子可谓快意。你虽心怀天下，但我也欣赏这样悠然的你。

无论是喜是悲，你都愿意和妻子分享。五十二岁那年，闻听官军收复了蓟北，你无比喜悦，在那首《闻官军收河南河北》中写道："却看妻子愁何在，漫卷诗书喜欲狂。白日放歌须纵酒，青春作伴好还乡。"悲与喜，起与落，你们都相依相伴。我想，世间最大的幸福，莫过于此。

可惜，悠然的日子太短暂。于你，更多的还是困顿清贫、飘零憔悴。尽管如此，你仍为天下苍生而悲伤，亦如你诗中所写："安得广厦千万间，大庇天下寒士俱欢颜。"如今，我在另一个时空遥望，看到的仍是那个悲天悯人的你。

子美，我们不曾相见，但我对你无比熟悉。

为了苍生，为了社稷，你始终是一副苍老的模样。

幸好，走过红尘，你还有诗，还有酒。

【人物简介】

杜甫（712—770），字子美，号少陵野老。唐代著名诗人，被后世尊为"诗圣"，与李白并称"李杜"。心怀天下，人生多蹇。安史之乱爆发后，曾任左拾遗，后被贬为华州司功参军。晚年曾被严武举荐为检校工部员外郎，世称杜拾遗、杜工部、杜少陵。有《杜工部集》传世。

孟浩然

吾爱孟夫子，
风流天下闻

【江城子·过襄阳】

风流天下岂无闻，对清樽，月为邻。
小径悠然，来去自闲吟。
料得当时归隐处，茅舍里，净无尘。
忆君白首过烟村，卧松云，任天真。
日暮黄昏，拄杖立柴门。
试问清风谁可继，飞雪夜，少归人。

浩然：

率性而生，率性而死，你配得上风流二字。

于我，风流便是以自己喜欢的模样活着，洒脱不羁。

五十二岁，你因病离世。那时候，你背部生有毒疮，卧病襄阳。好友王昌龄来看你，欣喜之余，你不顾大夫嘱咐，与他去吃海鲜，纵情饮酒，结果疾发而逝。好友王维写了首《哭孟浩然》：“故人不可见，汉水日东流。借问襄阳老，江山空蔡州。”

半个世纪后，白居易来到襄阳，遥想你的风姿，在《游襄阳怀孟浩然》一诗中写道：“清风无人继，日暮空襄阳。”你虽已远去，但是人们来到襄阳，总会忆起你，忆起你的恬淡和飘逸。

你的好友，除了王维和王昌龄，还有李太白。三十七岁那年，你遇见了比你小十二岁的李太白，因为性情相投，很快成了好友。你们同游数日，把酒临风，游山玩水，畅快淋漓。一年后，江湖水暖的日子，你在武昌再遇太白，你们同登黄鹤楼，把酒赋诗。其后，你前往扬州，太白以诗相赠，诗云：“故人西辞黄鹤楼，烟花三月下扬州。孤帆远影碧空尽，唯见长江天际流。”

开元二十三年，你四十七岁。太白来到襄阳，与你相与多日。故人相逢，又是一番诗酒酬唱、云水闲游。太白写了首《赠孟浩然》，其中写道：“吾爱孟夫子，风流天下闻。红颜弃轩冕，白首卧松云。”虽然都是飘洒之人，但离别时还是有几分惆怅。没想到，此番离别竟是永别。此后，你们再未相见。

浩然，我知道，你喜爱山水。

很多时候，你更愿意寄身山水，纵情诗酒。

但其实，你曾有过用世之心。

你出身书香门第，少年时苦读诗书，有济世安民之志。读书的同时，你也练剑。如你的好友李太白那样，你也“已将书剑许明时”。可惜，你终身未能如愿。生于开元盛世，满腹才华，却无用武之地，不免让人唏嘘。

东汉时期的习郁，因功被光武帝封为襄阳侯。习郁喜爱山水，经常乘舟往来于宜城、鹿门山、习家池之间。二十岁那年，你畅游鹿门山，为其佳景吸引，决定隐居于此。你喜欢泛舟山水之间，一如你诗中所写：“我家南渡头，惯习野人舟。”

二十三岁时，你与好友张子荣隐于鹿门山。读书之余，有时闲游山中，有时泛舟水上，日子甚是逍遥快活。田园牧歌般的生活，与你的性情最是相符。

尽管如此，你并未忘记自己的志向，从二十五岁开始，你辞亲远游，游走于各地，广交朋友的同时，也时常投诗干谒王侯公卿、社会名流。二十九岁那年，你闲游洞庭湖。彼时，张说被贬为荆州长史，他久闻你的才名，想援引你入仕。你以诗相赠，诗中写道：“八月湖水平，涵虚混太清。气蒸云梦泽，波撼岳阳城。欲济无舟楫，端居耻圣明。坐观垂钓者，空有羡鱼情。”你希望，张说能成为渡你进入魏阙的一叶扁舟。

张说虽然对你欣赏有加，但他的推荐并未引起玄宗的重视。开元十二年，玄宗巡访于洛阳。三十六岁的你去往洛阳求仕。然而，虽有襄州刺史韩思复和襄阳令卢馔的举荐，此番求仕仍旧无果。你在洛阳停留数年，终于落寞地回到了南方，闲居江南。你喜欢山水，所以身在江南，倒也在云水之间寻得了几分快意。只是，人生志向尚无着落，你终是有些失意，你说“欲取鸣琴弹，恨无知音赏”，你说“当路谁相假，知音世所稀”。

四十岁那年春天，你在长安参加科举，本是志在必得，却以落第告终。不过，在长安也并非全是失落。偶然间，你结识了同为山水田园诗人的王维，把酒酬唱间，他还为你画像，你们很快便成了彼此的知音。文人相交，只求性情相投，不论高低贵贱。同样淡泊的你们，时常流连诗酒。或许，对你来说，有诗有酒，有风有月，便有了完整的世界。

科举落第后，你仍旧抱着一线希望留在了长安。你相信自己的才华，也相信那个盛世不会让人才流落于市井山野。你曾在太学赋诗，结果满座公卿无不叹服。尽管如此，你始终未能觅得终南捷径走入仕途。

浩然，有件事你大概始终耿耿于怀。那日，你受到王维的邀请，私自进入宫中的内署，不久后唐玄宗忽然驾到，你因为害怕被发现，所以躲在床下。但最终，玄宗还是发现了你，王维也只好说出了实情。不过，玄宗听完后，并不恼怒，反而说早就想见你，下令让你出来，并问你有什么新作。你带着几分紧张，向天子读了那首《岁暮终南山》。这首诗里有“不才明主弃，多病故人疏”两句。玄宗听后，甚是不悦，说道：“卿不求仕，朕未尝弃卿，奈何诬我。”于是，你被放还故里。结果，你终身与仕途无缘。

其实，我以为，似你这般飘洒不羁之人，并不适合官场。就像你的好友，狂放风流的李太白，虽进入了朝廷，终被赐金放还。人说官场如战场，那里有的是尔虞我诈，有的是乌烟瘴气。清澈如你，更适合纵情于山水，饮酒赋诗。

那年，你带着失落的自己离开了长安，辗转各地，游山玩水。五年后，四十六岁的你再度入京求仕，仍旧无果。官场那扇门，始终对你紧闭着。

幸好，山水云月始终对你敞开怀抱。许多年，你都寄情山水，饮酒赋诗度日。有时候，你独自饮酒，青山便是你的知己。有时候，两三好友相伴，游山玩水，临风对酌，自是无比快意。

你喜欢扁舟一叶，纵情于湖上。

你也喜欢，独自入山，游走于名山古刹。

江南的青山绿水，皆是你的朋友，亦是你吟唱的对象。

你说“松月生夜凉，风泉满清听”；你说“野旷天低树，江清月近人”；你说“童颜若可驻，何惜醉流霞”。江山风月，闲者便是主人。偶尔，你也会感慨于世事无常，你说“人事有代谢，往来成今古”。

有时候，你也喜欢去寻访老友，与之开怀畅饮。就像那日，你来到老友庄园，受到了他的盛情款待。酒意渐浓，你写了首《过故人庄》：“故人具鸡黍，邀我至田家。绿树村边合，青山郭外斜。开轩面场圃，把酒话桑麻。待到重阳日，还来就菊花。”

四十七岁那年，你在襄阳。彼时，韩朝宗为襄州刺史，他对你甚是赏识，想向朝廷推荐你，便约你见面。到了约定的日子，他等了很久，却不见你前往赴约。原来，那时的你，已在别处与好友把酒言欢，早已将约定抛到了九霄云外。有人提醒你，你却说："我在此饮酒甚是畅快，哪里还顾得了其他事！"结果，举荐之事不了了之。

或许，那时的你对于入仕之事早已看淡，你更愿意隐于山水，尽情尽兴。所以，三十九岁那年，你虽被荆州长史招至其幕府，但不久后便回到了故里。

你一生未仕，但活得潇洒快意，不负风流二字。

可惜，我们隔着一千三百年。我无缘与你相识，对酌篱下。

不过，能与你神交，也是幸事。

【人物简介】

孟浩然（689—740），字浩然，号孟山人，世称"孟襄阳"。盛唐山水田园诗人，与王维并称"王孟"。曾有用世之志，科举落第后归隐田园，诗酒度日。喜爱山水，性情纵逸。李白诗云："吾爱孟夫子，风流天下闻。"有《孟浩然集》传世。

王维

行到水穷，
坐看云起

【辋川】

茅庐听细雨，篱下读闲书。
月落云无意，君来山不孤。
弹琴风夜静，挥笔古今无。
又立柴扉下，拄杖笑桑榆。

摩诘：

听说，你与玉真公主有一段情。

人们都说，你考中科举，因有玉真公主暗中相助。

岁月太深，许多事若有似无、亦真亦假，无法分辨。知道的是，六百年后，辛文房在其《唐才子传》中记载，在参加科举前，你曾游历于长安公卿贵族之间。因你才华横溢，又精通音律，颇受岐王李隆范赏识，因此常随他游宴。

二十一岁那年，你第二次参加科举，希望得到李隆范举荐。我知道，唐时有个不成文的规矩，考生于科考前经常投诗于权贵或贤达之人，希望得到提携和举荐。百余年后，朱庆馀参加科举前，曾投诗给张籍，后又写诗询问："洞房昨夜停红烛，待晓堂前拜舅姑。妆罢低声问夫婿，画眉深浅入时无。"张籍对朱庆馀很是欣赏，回诗说："越女新妆出镜心，自知明艳更沉吟。齐纨未是人间贵，一曲菱歌敌万金。"最后，朱庆馀果然进士及第。

那时候，李隆范让你准备十首诗，以及一首琵琶曲，去赴玉真公主的筵席。玉真公主与玄宗为亲兄妹，深得兄长宠爱。玉真公主喜欢结交文人墨客。那日筵席之上，公主让你弹奏琵琶，风流俊逸的你拨动琵琶弦，曲调悲凉，满座皆为之动容。其后，你献上准备好的诗文，竟是玉真公主早已读过的。于是，你受到了公主的赏识。岐王李隆范趁机说了你的愿望，公主欣然答应。

那年，你如愿进士及第。二十一岁，与你同龄的李太白还在大匡山隐居读书。我总是在想，你们同处大唐开元盛世，又都是才华横溢之人，为何并无交集。

你天生聪慧，少有才名。而且，你不仅能写诗，还工于书画，三百多年后，苏轼曾如此评价你：“味摩诘之诗，诗中有画；观摩诘之画，画中有诗。”同时，你对音律也颇有天赋。据说某日，一个人觅得一幅奏乐图，却不知该如何题名。你见到那幅画，立即说，那是《霓裳羽衣曲》的第三叠第一拍。后来，那人请乐师演奏，果然如你所言。

十五岁那年，你去往长安，很快便受到很多王公贵族的欣赏，常被邀请赴宴。而在科举高中后，你更是春风得意。要知道，比你晚七十年的白居易，二十九岁进士及第，还得意地写诗说：“慈恩塔下题名处，十七人中最少年。”

二十八岁那年，你在长安结识了孟浩然，因都喜爱山水，很快成了好友。长安城里，你们曾流连诗酒、醉卧花间。后来，孟浩然失意离开京城，你少了个知音。

年轻时，你曾有济世之心。考中进士后，你被任命为太乐丞，不久就被贬到了济州。然后，你辞去官职，游走于山水之间，也常深入古寺，与僧人多有往来。

三十四岁，你闲居于京城。秋天去往洛阳，隐于嵩山，与云山为邻。对你来说，朝堂如一片荒野。所以，你更愿意将自己安放于山间云下。你性情恬淡，适合寄身山水之间。不过，三十五岁那年，你再次出仕，任右拾遗。其后，你又历任监察御史、殿中侍御史、左补阙等职。

天宝三载（744），也就是李太白被赐金放还的那年，四十四岁的你开始在京城东南的蓝田县修建辋川别墅。那里，有溪流云山，有竹篱茅舍，最适合隐居。此后多年，你过着半官半隐的生活，时常前往辋川别墅，纵情山水。

我想，你之所以如此选择，一方面是性情所致，你天性喜好山水，喜欢素净的生活；另一方面，开元后期的玄宗已没有了当年的锐气和英明，宠幸杨贵妃，过着骄奢淫逸的生活，而且独断专行，任用奸佞。

天宝十四载（755），安史之乱爆发。五十五岁的你不幸被叛军所俘，还被迫任了伪职。后来，长安、洛阳等地相继光复，你和许多被叛军俘虏的官员一道被押至长安，按律当斩。不过，因为被俘时你曾作《凝碧池》感怀于江山沦落，因平叛有功被擢升为刑部侍郎的弟弟王缙也为你求情，你终于幸免于难。

五十八岁，你迁官中书舍人，两年后又升任尚书右丞。只不过，此时的你对于官阶等俗事已不挂怀，你眷恋的是田园山水。六十一岁，你辞官隐退田园。七月，你作书向亲友作别，然后溘然长逝。

生不带来，死不带去。

人生不过是一场匆忙的旅行。匆匆来，匆匆去。

不过，你虽已离去，你的诗却仍在。

摩诘，每每读你的诗，我都仿佛置身于你的辋川别墅，与草木为邻，与山月为友。你时常独行于山径，也常与山翁闲谈，一如你诗中所写："行到水穷处，坐看云起时。偶然值林叟，谈笑无还期。"行到水穷，坐看云起，世间少有人能这般悠然。

红尘世人都在寻找诗意栖居，然而，只有少数人能将日子过成诗。你隐于山野，寄身茅舍，心中几无尘埃。你不许茅舍里有灰尘，每日有童仆打扫。你终年茹素，晚年尤其如此。日子越是素淡，你越是平静。

读你的诗，可谓如沐春风，总会在不经意间遇见清风明月、冷涧清流。辋川别墅里，你时而写诗，时而作画，日子翩然。你的笔下，有“明月松间照，清泉石上流”，也有“漠漠水田飞白鹭，阴阴夏木啭黄鹂”。当然，还有“大漠孤烟直，长河落日圆”以及“劝君更尽一杯酒，西出阳关无故人”。你曾独坐幽篁，弹琴长啸。你说“深林人不知，明月来相照”，这也是无人能懂的快味。

让我惊讶的是，风流俊逸的你，一生只娶过一次，或者说一生只爱过一个人。关于玉真公主的那些事，来自稗官野史，像是一抹烟浮于岁月深处。可以确定的是，你深爱自己的结发妻子，在她离世后再未续弦。

你们青梅竹马，两小无猜。金榜题名后，你娶她为妻。你们情深意笃，说好此生不离不弃。后来，你们有了儿子，他如你般聪慧，你教他写字作画，妻子则在旁边静静地看着。然而，在你三十一岁那年，儿子不幸夭折。而你温婉的妻子，也因伤心过度离开了人世。

此后三十年，你栖居尘世，孑然一身。

在最爱的那个人离开后，你已失去了爱的力量。

所以，你宁愿独自穿过漫长岁月。

人们说，你是因为看破了红尘情爱，所以不愿再娶。而我宁愿相信，你是因为深情。世间最深的爱，莫过于生死相许。斯人已逝，茫茫尘世便成了荒野。多年后，元稹妻子离世，他在《离思》中写道：“曾经沧海难为水，除却巫山不是云。取次花丛懒回顾，半缘修道半缘君。”我想，你的心思正是如此。看过了最好的风景，世间便再无风景。

你不曾为妻子写过悼亡诗。或许，对你来说，最好的纪念，就是藏在心里，不对人言。但在你白发苍苍的时候，你在诗中写道：“一生几许伤心事，不向空门何处销。”多年吃斋念佛，仍旧难解伤心，足见你对她的深情。凉薄的世界里，深情地活着，这就是你。

写着信，我又看到了你的辋川。那里，云山如故，茅庐如故，一切还是当时的模样。因为有你，山与水，云与月，从不孤独。你仿佛还在那里，松风吹解带，山月照弹琴；倚杖柴门外，临风听暮蝉。蓦然觉得，我便是千余年后的你。

【人物简介】

王维（701—761），字摩诘。盛唐山水田园诗人，有“诗佛”之称，与孟浩然合称“王孟”。能诗善画，苏轼称赞他“诗中有画，画中有诗。”曾任右拾遗、监察御史、吏部郎中、尚书右丞等职，世称“王右丞”。有《王右丞集》传世。

白居易

相见只在刹那，
相忘需要一生

【浪淘沙】

独自过江南，春水潺湲。浮生聚散有无间。
堪叹红颜无觅处，泪湿青衫。
诗酒趁华年，往事如禅。人间有味是清欢。
白发多时知旧少，明月相关。

乐天：

七十五岁那年，你离开了人世。

不知道，离去之前，你是否还曾想起那个女子。

她叫湘灵，始终是你心头的朱砂痣。

你出生的时候，大唐王朝早已不复从前的繁华和兴盛。安史之乱虽已平息，但藩镇割据的局面越来越严重，各地藩镇随着势力的扩大，甚至与朝廷分庭抗礼。而朝廷之内，党争不断，宦官专权，皇帝无能为力。那个曾经鼎盛的王朝，已处在风雨飘摇之中。

你聪慧过人，又喜欢读书，五六岁便学习写诗，随着年岁渐长，开始熟读经史。十一岁那年，为了躲避战乱，你随着家人来到了符离。少年的你，遇见了那个叫湘灵的女子。她小你四岁，恬静温柔，秀雅明媚。

那是一段青梅竹马的故事。年少的你们，总是欢喜。你读书的时候，湘灵总会在旁边静静地看着，你也会教她读书认字。读书之余，你们总在一起。你喜欢牵着她的手，于云天下嬉闹。她也喜欢被你牵着，从小镇的这头走到那头。小小的女子，曾经幻想，就那样被你牵着手，从少年到白头。

后来，你们一别数年。再次重逢，她已是娉婷女子。此时的你们，已知道了男女有别，再不能如从前那般卿卿我我。但你们，依旧时常见面，或同行于街巷，或安静地坐着，无声胜有声。不知不觉，你们已是情愫偷生，两心暗许，将对方安放在了心底。此时的湘灵，在你诗中是这般模样：“娉婷十五胜天仙，白日姮娥旱地莲。何处闲教鹦鹉语，碧纱窗下绣床前。”

故事的开头，日暖风和，两心相许。

只是，走着走着，你们走出了小镇，各自天涯。

故事的结局，红尘万丈，两无消息。

某个黄昏，你们曾经对着月亮说起，非你不娶，非你不嫁。但是你的母亲让你们的誓言付与了流水。她不同意你娶一个出身贫寒的女子，因为门不当户不对。

再次离别，湘灵黯然销魂。而你只能将悲伤写在诗里。你说：“泪眼凌寒冻不流，每经高处即回头。遥知别后西楼上，应凭栏杆独自愁。”你说：“夜半衾裯冷，孤眠懒未能。笼香销尽火，巾泪滴成冰。为惜影相伴，通宵不灭灯。”你还说：“人言人有愿，愿至天必成。愿作远方兽，步步比肩行。愿作深山木，枝枝连理生。”一路行走，一路相思。终于，满心的相思成了山高水长。

乐天，我知道，年轻的时候，你有一颗安济天下的心。你苦读诗书，便是为此。那年，你只身去往长安，结识同道朋友，拜访名流大儒。不久后，你带着自己的诗作前去拜访诗人顾况。见你面容清瘦，略显青涩，顾况用你的名字调侃道：“长安米贵，居大不易。”但当他读到你那首《赋得古原草送别》时，欣喜异常，说道：“有才如此，居亦何难！”受到顾况的赏识，你很快就名动长安。那时的你，未及弱冠。

二十九岁那年，你进士及第。得意之余，你写诗说：“慈恩塔下题名处，十七人中最少年。”三年后，你又于吏部的拔萃科考试高中，从此步入仕途。与你同时考中的，还有元稹。因为性情相投，你们一见如故，成了一生的知己。

元和元年（806），三十五岁的你通过制举考试，被任命为周至县尉。那天，你与好友王质夫、陈鸿等人同游仙游寺，把酒临风，倾谈世事，畅快淋漓。后来，说起了开元盛世，自然也说起了玄宗和杨贵妃。不久后，你写了那首《长恨歌》。

曾经，天子与那红颜你侬我侬，旖旎缠绵。后来，马蹄声乱，鼓角争鸣，盛世被踩碎，那场爱情也成了往事。天子成了江山的旁观者，而那红颜则在马嵬坡下香消玉殒。你写这首诗，自然是希望当时的皇帝励精图治，以防重蹈覆辙。

但我相信，写这首诗的时候，你定会想起你的湘灵。那个深情的女子，一直在南方等你归去。可是很无奈，你身不由己。你在诗中写道：“在天愿作比翼鸟，在地愿为连理枝。天长地久有时尽，此恨绵绵无绝期。”果然，此恨绵绵，从未断绝。世间之人，总喜欢在别人的故事里祭奠自己的心情。或许，你亦是如此。

一生思念，亦是一生长恨。

湘灵，是你永远回不去的诗和远方。

科举得中后，你一直想娶湘灵为妻，但你母亲的态度十分坚决，她甚至不许你提起湘灵的名字。而你的心里，始终非湘灵不娶。你将对湘灵的思念写在一首首诗里，你在《感秋寄远》中写道：“惆怅时节晚，两情千里同。”你在《冬至夜怀湘灵》中写道：“何堪最长夜，俱作独眠人。”

三十七岁那年，白母以死相逼，你不得不娶杨氏为妻。可你的心里已装了湘灵，便容不下别人。新婚之夜，灯火明艳，你却在叹息愧疚，因为负了一个痴情女子。你希望，与你共度华年的是那个懂你的女子。

那时候，她在她的南方等你，一身憔悴。你写诗说：“不得哭，潜别离。不得语，暗相思。两心之外无人知。”杨氏也是知书达礼的女子，但你不爱她。你愿意为之倾尽温柔的，永远是那个叫湘灵的女子。

乐天，有人说，你四十四岁已死，七十五岁才下葬。这话是有些道理的。那些年，藩镇割据愈演愈烈，宰相武元衡主张武力削藩。结果，某日上朝途中，他被藩镇派出的刺客所杀。疾恶如仇的你上书请求缉拿和惩办凶手，却被认为是越职之举。你被贬为江州司马。

这是你人生的转折点，在此之前你希望兼济天下，在此之后你更愿意独善其身。尽管如此，在地方任职的时候，你始终心系百姓，为官一任，造福一方。后来，你屡次被擢升，但那时的你对功名之事已看得很淡。你更愿意做个闲人，抚琴读书，饮酒下棋。

在前往江州的途中，你遇见了辗转江湖的湘灵父女。四十岁的湘灵，恬静如初，却已不复从前的明媚。多年前，你是她的居易哥哥，她是你的湘灵妹妹。那日，你含着泪喊出了她的名字，就像是用尽了平生力气。可是，你们只有寥寥数语的寒暄。

故事里，你在读书，轻灵的小女孩经过窗前，轻声唤你；故事里，你牵着那女子的手，走过小巷，走在烟雨之中。可是，故事的最后，却是人各天涯。不久后，你们挥手作别。转过头，她已是泪眼模糊。而你，又何尝不是！

那日，你作了两首诗，你说：“久别偶相逢，俱疑是梦中。即今欢乐事，放盏又成空。”你还说：“我梳白发添新恨，君扫青蛾减旧容。应被傍人怪惆怅，少年离别老相逢。”后来，你去江南寻觅湘灵，终是无果。

红尘一别，你们再未相见。

一段故事，就像一场花事，零落无声。

往往，我们于刹那相遇，却要用一生来遗忘。

你的爱情，在年轻时已结束了。此后的人生，你所遇见的女子，都只是路过的风景。听说，后来的岁月，你有不少侍妾，其中有两个最得你欢心，分别叫樊素和小蛮。她们皆是花容月貌之人，你曾在诗中夸赞她们：“樱桃樊素口，杨柳小蛮腰。”但她们，永远不会是你心中的白月光或者朱砂痣。

四十五岁那年，你在浔阳江头送客，偶遇那位弹琵琶的女子。一曲弹罢，你泪湿青衫。你说“同是天涯沦落人，相逢何必曾相识”。你是个性情中人，泪湿青衫，只为命运相似。但是乐天，我知道，那日的你，定会想起你的湘灵。可那时的你不知道她身在何处。只知道，她流落天涯。想起她，你总会心疼。

晚年的你，过着散淡的日子。你喜欢饮酒写诗，也喜欢围炉夜话。那日，飞雪连天，你写了首《问刘十九》：“绿蚁新醅酒，红泥小火炉。晚来天欲雪，能饮一杯无。”那壶酒，始终不曾饮尽。而那红泥炉火，也温暖了千余年。

你去世后，宣宗写诗悼念，诗中写道：“文章已满行人耳，一度思卿一怆然。”四百多年后，元好问说，陶渊明是晋代的白乐天。他还写诗说：“并州未是风流域，五百年中一乐天。”想必，你会为此感到欣慰。

飞雪的日子，我总会想起那炉火。

可惜，把酒倾谈的，没有一个叫白乐天的诗人。

也罢，就让你我各自天涯，各自零落。

【人物简介】

白居易（772—846），字乐天，号香山居士，暮年又号醉吟先生。中唐现实主义诗人，被称作“诗魔”和“诗王”，与元稹并称“元白”，又与刘禹锡并称“刘白”。二十九岁进士及第，官至太子少傅，以刑部尚书致仕。晚年信佛，写诗称“坐倚绳床闲自念，前生应是一诗僧”。有《白氏长庆集》传世。

白居易

元稹

曾经沧海难为水

【赠微之】

人生如过客，流水自西东。
少壮逢居易，多情悼韦丛。
红颜风月近，白首利名空。
且坐浮云下，闲情今古同。

微之：

世人都说，你是个多情的人。

甚至有人说，你用情不专、负心薄幸。

大概是因为，在你身上发生过不少若有若无的绮色故事。

你出身书香门第。只是，八岁的时候，父亲离世，家道中落。十五岁那年，你参加明经科考及第，前往蒲州任职。人们说，任职期间，你与远房亲戚崔双文相爱。崔双文才貌兼具，而你才华横溢，你们可谓天作之合。但是后来，你为了前程，娶了韦丛为妻。世人都说，后来你写《莺莺传》，是因为心里愧疚，对崔双文余情未了。

人们说，你与才女薛涛有过一段情缘。那年，你奉命出使蜀地，遇见了薛涛，你们欣赏对方的才情，相见恨晚。那些日子，你们时常把酒言诗。离别后，你们也曾鱼雁传情。但你并未给她一个结果。后来，薛涛一袭素衣，于浣花溪畔过着素淡的日子。

人们还说，你与刘采春也有故事。你被贬越州，与刘采春一见如故，诗酒相与多日，你还写了首《赠刘采春》，其中写道："新妆巧样画双蛾，谩裹常州透额罗。正面偷匀光滑笏，缓行轻踏破纹波。"但你们之间的故事，最终仍是不了了之。

这些事，大都为野史所记，真假难辨。知道的是，二十五岁那年，你娶了京兆尹韦夏卿之女韦丛。婚后，你们琴瑟和鸣，情深意笃。你的知己白乐天曾写过一首《井底引银瓶》，结尾写道："为君一日恩，误妾百年身。寄言痴小人家女，慎勿将身轻许人！”人们猜想，白居易写此诗，是因为你辜负了崔双文，而他辜负了湘灵。

最好的爱情，莫过于执子之手与子偕老。

人们也总是希望，觅得一个可心之人，携手到老。

可是世事无常，白头偕老的爱情太少。

微之，我相信，你深爱你的结发妻子韦丛。红尘陌上，你们是令人羡慕的一双人。或许对她来说，只要在你身边，粗茶淡饭都无所谓。你们的日子里有花有月，有诗有酒，不可谓不快活。有时候，你为她写诗，她为你弹琴。你们定然想过，长伴彼此，到白发苍苍。

琴瑟在御，岁月静好。这样的生活，往往经不起生活的摧残。三十一岁那年，你失去了最爱的那个女子。正值华年的韦丛，猝然离世。失去相濡以沫的妻子，你肝肠寸断，却也只能写诗来纪念。你写《遣悲怀》，你写《离思》，终究只是独自黯然销魂。

你说：“曾经沧海难为水，除却巫山不是云。取次花丛懒回顾，半缘修道半缘君。”你还说：“同穴窅冥何所望，他生缘会更难期。唯将终夜长开眼，报答平生未展眉。”可是，无论你如何悲伤，她已看不到。

后来，你娶了安氏为妾，让她照顾你的生活。数年后，她也不幸病故。再后来，你又续弦才女裴淑。她是个温柔懂事的女子，对韦丛和安氏的孩子不仅不嫌弃，还照顾有加，偶尔也与你诗酒唱和。可是，你的爱，已给了那个叫韦丛的女子。你对裴淑虽也温柔，但你已不是从前那个深情款款的元微之。

微之，或许你在迎娶韦丛的时候，的确曾权衡利弊。但你对她的爱是深挚的。至于薛涛和刘采春，纵然与你有情感的瓜葛，也不过是你旅途的风景。

我知道，你是个心怀天下的人。年轻的时候，你一心想着立于巅峰，安济天下。可你的仕途，因为豪爽耿介历尽浮沉。一贬江陵，二贬通州，三贬同州，四贬武昌，这都是你不愿忆起的往事。为了求得仕进，你习惯了官场的逢迎与倾轧，不惜拉帮结派，甚至不惜借宦官之力上位。

四十四岁那年，你如愿登上了相位，位极人臣。可是微之，为了争权夺利，你活成了自己曾经讨厌的模样。试问，若是让二十岁的那个元微之看此时身处相位的你，是何种态度。我想，人应该为理想而奋斗，但也应不忘初心，不应失去那个纯粹的自己。

人生于世，最重要的是守住本心。

如此，我们才能来得快意，去得清白。

此时，写着信，我蓦然想起，你四十一岁那年，与白乐天及其弟弟白行简偶遇，同游数日，诗酒流连。在西陵峡，你们觅得一洞，各自赋诗题于石壁之上。后来，这处洞穴被人称作“三游洞”。那时的你，与好友同游把盏，仍是那个真性情的你。

那样的你，才是白乐天熟悉的那个元微之。那年，你们同登书判拔萃科，从此成了一生至交。相聚的时候总会把酒酬唱，醉了便抵足而眠。离别之后，你们时常音书往来，用文字温暖彼此。

对待朋友，你极其仗义。乐天在丁母忧期间，生活困顿不堪，彼时的你也囊中羞涩，尽管如此，你还是多次给乐天寄去钱物。肝胆相照、共同进退，我喜欢这样的友情；慷慨大方、雪中送炭，我欣赏这样的你。

那年，你出使东川，乐天与好友李建同游后把酒，突然忆起了你，写了首《同李十一醉忆元九》:“花时同醉破春愁，醉折花枝作酒筹。忽忆故人天际去，计程当日到梁州。”同一天晚上，远在梁州的你也忆起了乐天，在诗中写道:“梦君同绕曲江头，也向慈恩院院游。亭吏呼人排去马，忽惊身在古梁州。”交友交到心有灵犀，实在令人羡慕。

三十七岁那年正月，你奉诏回朝，来到蓝桥驿，写了《西归绝句十二首》，其中一首:“寒窗风雪拥深炉，彼此相伤指白须。一夜思量十年事，几人强健几人无。”那个春天，你本以为会受到重用。没想到，不久后你便被贬为通州司马。

数月之后，乐天被贬为江州司马。不久后，他也来到了蓝桥驿，看到了你的题诗，想起你的遭遇，甚是难过。于是，他题了首《蓝桥驿见元九诗》:“蓝桥春雪君归日，秦岭秋风我去时。每到驿亭先下马，循墙绕柱觅君诗。”每到驿站，他总会细心寻觅你的题诗，只为感受你的悲伤。

事实上，在得知乐天被贬江州后，你很为之难过，写了首《闻乐天授江州司马》:“残灯无焰影幢幢，此夕闻君谪九江。垂死病中惊坐起，暗风吹雨入寒窗。”当初，你被贬江陵，白居易在诗中写道:“枕上忽惊起，颠倒着衣裳”。对方的安危和悲喜，你们时刻挂念着。真正的朋友，该是如此。

那次，你在通州收到乐天的来信，激动之余，写了首《得乐天书》:“远信入门先有泪，妻惊女哭问何如。寻常不省曾如此，应是江州司马书。”直到生命的最后，你还在给白居易写诗，你说:“直到他生亦相觅，不能空记树中环。”你离世后，他为你写了墓志铭。写着写着，已是老泪纵横。

其实，你虽曾位极人臣，但我宁愿你只是个吟风弄月的诗人。我希望，你始终是那个风姿翩然、耿介率真的元微之。你的笔下，有“不是花中偏爱菊，此花开尽更无花”，也有“寥落古行宫，宫花寂寞红。白头宫女在，闲坐说玄宗”。

不管怎样，你已去远。

世人的褒与贬，你都已无从知晓。

至于我，只是个读故事的人。

【人物简介】

元稹（779—831），字微之，中唐诗人、政治家。入仕后，几遭贬谪，于长庆二年（822）拜相。与白居易为一生知己，共同倡导新乐府运动，创“元和体”，并称“元白”。有《元氏长庆集》传世。

薛涛

如鱼饮水，冷暖自知

【清平乐】

浣花溪畔，已把风情占。
千万须眉青眼看，惆怅半生谁管？
前尘直似云烟，多情明月相关。
独自小楼深巷，秋风吹尽华年。

洪度：

生命尽头，你是否曾想起那个叫元稹的男子？

那时，你们人各天涯。你们的故事，已经画上了句号。

故事总是这样，开头花开陌上，结尾流水落花。

但我知道，对你来说，那是一段不舍得忘怀的往事。那时候，你们一见如故，诗酒流连多日。你曾以为，此生得遇这个男子，是上天的恩赐。但是后来，他一去不返，你们虽有音书往来，终是渐行渐远。

我想，即使没有爱情，你的人生也算得上精彩。身为女子，在那个男尊女卑的时代，你惊才绝艳，让一众男子对你青眼有加，这让我无比惊喜。我喜欢红颜二字，但又知道，此二字总与薄命相连。所谓薄命，未必是早逝，也可以是命运多舛。而你，也未能逃过红颜薄命这四个字。

偶尔敲开岁月的门，就能看到一个身影，于溪畔，于小楼，手执几张红笺，素手描绘着寂寥的心事，几分翩然，几分孤独。那就是你，生而不凡，却又不得不飘零于尘世。你可以与大唐的诗人们诗酒酬唱，但最终，你必须回到属于你的地方，流放时光。

浣花溪，这就是你曾居住的地方。当年，杜甫来到成都，曾在浣花溪畔修筑草堂，过了几年悠然的日子。他有妻儿在侧，而你却是孑然一身。尽管如此，当你行走于浣花溪畔，与云水为邻，那已是一幅清幽的山水画。当然，我知道，漫步于溪畔，在感受悠然的同时，你也曾感叹于生命的荒凉。

悠然中有落寞，欢喜中有悲伤。

一切的美丽中都有哀愁，世间之事莫不如此。

你时常写诗，却又总是落笔于忧愁。

夜深人静的时候，你安抚着自己的心灵，泪水滴落在浣花笺上。你写着这样的诗："泠色初澄一带烟，幽声遥泻十丝弦。长来枕上牵情思，不使愁人半夜眠。"偶尔，长夜无眠，你也会抚琴。可是听琴的，只有天边的月亮。

你诗名远播，你才华横溢，但是如果可以，你只愿做个平凡女子，觅一个良人，彼此相守，不离不弃，平淡地度过一生，粗茶淡饭也好，布衣荆钗也好。很多人经过你的生命，不过是带着一份赏景之情。你的悲喜少有人过问。你写诗说："借问人间愁寂意，伯牙弦绝已无声。"你找不到那个懂琴的钟子期。

不管怎样，你已倔强地将名字留在了大唐诗人的名册上。翻开那份名册，能看到几个女子的名字，比如鱼玄机，比如刘采春。但你更像个真正的诗人，人生与性情皆是如此。

你天生灵慧，少时便气质不凡。父亲曾为朝廷小吏，闲暇之余，他教你诗词歌赋、琴棋书画。那年，父亲吟了两句诗"庭除一古桐，耸干入云中"，你略加思索，续了两句"枝迎南北鸟，叶送往来风"。

十四岁那年，父亲猝然离世。失去了父亲的庇佑，你成了浮世漂萍。在与母亲相依为命两年后，你加入了乐籍，从此寄身风尘。许是这样，只有经历了风吹雨打，才有资格承受生命之风华。

生命中总有荆棘泥淖，我们都必须学着坚强。

如此，生命才能日渐繁盛和厚重。

你的笔下，并非只有清辞丽句。你身为女子，却有几分男儿气概。送别友人，你写了这样的诗："水国蒹葭夜有霜，月寒山色共苍苍。谁言千里自今夕，离梦杳如关塞长。"

加入乐籍后，因为容貌秀美，琴棋书画无所不精，你很快便成了锦官城里炙手可热的歌妓。韦皋任剑南节度使，听闻你的才名，想要一睹风采，将你召至帅府。那日，你当众赋了一首《谒巫山庙》，其中写道："山色未能忘宋玉，水声尤似哭襄王。朝朝夜夜阳台下，为雨为云楚国亡。"满座皆叹服不已。

其后，韦皋每次饮宴总会邀你前往。只不过，你每次身处人群之中，都是强颜欢笑。你其实不喜热闹。如果可以，你宁愿一个人，一轮月，一张琴，清净度日。可是生活不许你这样。每个人都在为了生存而努力，你也不例外。你能做到的是，在热闹之中，独守孤清。

热闹之后，你回归寂静。

那时候，走出卑微，你仍是那个高贵的自己。

韦皋对你甚是赏识，曾想让你做一些文牍工作，打算让你担任校书郎之职。尽管此事最终不了了之，但你"女校书"的名字却不胫而走。王建写过一首《寄蜀中薛涛校书》，其中写道"扫眉才子知多少，管领春风总不如。"论才情，你的确不输须眉。

你虽身在风尘，却始终保持着清澈，你的心里住着清风明月。你在那首《酬人雨后玩竹》中写道："晚岁君能赏，苍苍劲节奇。"红尘万丈，你只愿做一竿竹，或一朵傲雪的梅花。

历任剑南节度使都对你青眼有加，比如韦皋的继任者李德裕。筹边楼建成后，李德裕设宴庆祝，你被召去侍宴。那日，你受命写了首《筹边楼》：“平临云鸟八窗秋，壮压西川四十州。诸将莫贪羌族马，最高层处见边头。”如此豪迈的诗句，足以让无数柔弱的书生羞赧。

可你，毕竟只是个女子。

才华卓绝，诗情傲世，都抵不上一段爱情。

你希望，逢着你的良人，白首不离。

当那个男子出现的时候，你以为找到了那样的良人。他也是个诗人，风流俊逸，一身潇洒。遇见他，你本已荒草蔓延的心田蓦然繁花满目。那是你期盼已久的相逢，多情飘逸的他，风韵犹存的你，相见恨晚。他叫元稹，遇见他，你放下了所有防卫。那年，你四十二岁，他三十一岁。

情不知所起，一往而深。

在那个男子面前，你只是个温柔的小女子。

那时的你，爱得痴狂。

相逢的次日，你写过一首《池上双鸟》：“双栖绿池上，朝暮共飞还。更忙将趋日，同心莲叶间。”是他，敲开了你久闭的门扉。你希望他能共你年华，朝朝暮暮。你们曾同行于成都街巷，也曾泛舟于湖光水色之间。那些日子，无比清朗。

但他，是奉命出使蜀地，任务完成后便离开了。挥泪作别后，便是漫长的等待。最终，所有的等待变成了凄凉。看着他寄来的书信，你无比辛酸。你要的，是实实在在的温暖，是不离不弃。

后来，你终于清醒了。在那段往事里，你要的是天长地久，他要的是曾经拥有。他对你的温柔是真心的，但他未曾想过执手偕老。他的“曾经沧海难为水，除却巫山不是云”只会为妻子韦丛而写。

在他走后，你的世界一片荒凉。但你仍在含泪写诗。你说“花开不同赏，花落不同悲。欲问相思处，花开花落时”；你说“风花日将老，佳期犹渺渺。不结同心人，空结同心草”；你说“去春零落暮春时，泪湿红笺怨别离”，一纸悲伤。

后来，你退出了乐籍，一袭素衣，独居于浣花溪畔。你闭门谢客，只与风月为邻。你在诗中写道：“唱到白蘋洲畔曲，芙蓉空老蜀江花。”再后来，你筑了一座吟诗楼，隐居其中，远离了尘嚣，如鱼饮水，冷暖自知。

岁月无情，将你带到了暮色沉沉之时。

最后，历尽坎坷的你和所有过往做了了断。

你去了，寂静无声，如花落地。

不知道，离开尘世的时候，你是否曾想起那个叫元稹的男子，想起那些旧日的欢情。知道的是，他已先你一年离世。前尘过往，尽数成烟。

无论如何，你已将一个诗的时代染得鲜红。

青史无垠，始终记得你的名字。

【人物简介】

薛涛（768—832），字洪度。唐代诗人、乐伎，世称“女校书”。通音律，善写诗，精书法。其诗多清丽，亦不乏感时伤世之作。与鱼玄机、刘采春、李冶并称“唐代四大女诗人”。书法独具风骨。著有《锦江集》。

刘禹锡

沉舟侧畔千帆过，
病树前头万木春

【点绛唇·寄梦得】

病树前头，东风万里青山外。
桑田沧海，一刹千余载。
独立西风，也把烟霞爱。
江山改，流光难买，梦得今何在？

梦得：

你一生磊落，一生豁达。

我欣赏你，就因为你面对风雨，仍能笑看人生。

被贬二十三年，你仍是那个豪放乐观的你。

同样面对夕阳，几十年后的李商隐叹息“夕阳无限好，只是近黄昏”，而你则淡然地说：“莫道桑榆晚，为霞尚满天。”你的一生，从不缺少的是那份与生俱来的豪情。

你的好友白居易曾在诗中写道：“我生本无乡，心安是归处。”两百多年后，词人苏轼如你般豪放旷达，被贬荒僻之地，却活得潇洒从容，他说“一蓑烟雨任平生”，还说“归去，也无风雨也无晴”。其实，这正是你的模样。心安则身安，或许你早已了然于心。

你出生于江南，在江南的云水间度过了年少时光。你天生聪颖，又极其勤奋，又得诗僧皎然和灵澈的指点，很早便学会了写诗。如许多儒家读书人，你也有修身齐家治国平天下的愿望。

十九岁那年，你负笈前往长安、洛阳等地游学，谒见名士大儒。不久后，你结识了韩愈、柳宗元等好友。二十二岁，你考中了进士。其后，你又登博学鸿词科，两年后又在吏部取士科高中。小你一岁的柳宗元，与你同年进士及第，你们从此成了至交。

那时候，你的人生可谓顺风顺水。高中吏部取士科后，你释褐为太子校书。二十九岁那年，你被淮南节度使杜佑征辟为掌书记。三十一岁，你先是被调任京兆尹渭南县主簿，不久就被擢升为监察御史。

你三十四岁那年，唐德宗驾崩，太子李诵继位为唐顺宗。你被任命为屯田员外郎。那时候的大唐王朝，外有藩镇割据，内有宦官专权、官僚肆意妄为。顺宗决心改革，重用韦执谊和王叔文等人。你和好友柳宗元也参与了这次改革。那便是著名的永贞革新。可惜，改革因为受到保守势力的反扑，很快便以失败结束。顺宗被迫让位，太子李纯即位，即唐宪宗。王叔文被赐死，你被贬朗州，柳宗元被贬永州。

同样被贬僻地，你们的心境却大相径庭。柳宗元写诗说“千山鸟飞绝，万径人踪灭。孤舟蓑笠翁，独钓寒江雪”，极是孤寂。而你的笔下却是这样：“自古逢秋悲寂寥，我言秋日胜春朝。晴空一鹤排云上，便引诗情到碧霄。”

不沮丧，不悲伤，这就是你的态度。

不管怎样，总要认真生活，不负红尘，不负岁月。

你永远是这样，乐观积极地活着。

一年后，宪宗大赦天下，你和柳宗元却都不在赦免之列。三十五岁的你，虽有几分失望，却也不太在意。在朗州，你很快便结交了不少朋友。许多日子，你和一众好友畅游山水、酬唱风月，甚是欢畅。你知道，人生之中总有阴晴悲喜，起是人生，落亦是人生。

被贬的十年，你竟是在诗酒中度过的。十年后，你和柳宗元被调回了长安。次年三月，和几位好友同游京城玄都观，见桃花灼灼，你写了首诗：“紫陌红尘拂面来，无人不道看花回。玄都观里桃千树，尽是刘郎去后栽。”不少朝臣认为，这首诗是在讽刺当时被提拔的新权贵。

结果，因为这首诗，四十五岁的你先是被贬为播州刺史，后因裴度等人说情，改任连州刺史。而柳宗元，被任命为柳州刺史。其后多年，你先后任夔州刺史、和州刺史。

梦得，不管身在何处，你的生活总是离不开诗酒。对你来说，有山有水，有诗有酒，日子就不算荒凉。很喜欢你那篇《陋室铭》，你在其中写道："山不在高，有仙则名。水不在深，有龙则灵。斯是陋室，惟吾德馨。苔痕上阶绿，草色入帘青。谈笑有鸿儒，往来无白丁。"

于你，所有流浪，皆是归程。

西风古道、陋巷茅庐，你总能寻得几分快意。

所以，你是当之无愧的诗豪。

五十五岁那年，你被调回洛阳，次年任东都尚书。春暖花开的时节，你重游玄都观。彼时，当年的种桃道士已故，玄都观野草蔓延。联想到那些年的遭遇，你写了首《再游玄都观》："百亩庭中半是苔，桃花净尽菜花开。种桃道士归何处？前度刘郎今又来。"屡遭贬谪，你仍是那个倔强和豪放的刘梦得。后来的仕途，平顺了许多。只是，于功名之事，你已看得极淡。那些年，你最喜欢的仍是与好友把酒酬唱。

你是个深情的人，三十二岁那年，结发妻子裴氏离世，你悲伤了很久。四十二岁，续娶的薛氏病故，你写了《谪居悼往二首》。你说"牛衣独自眠，谁哀仲卿泣"，你说"潘岳岁寒思，屈平憔悴颜"。你是个豪放的人，但是在妻子离世后，你在朋友面前潸然落泪。我终于知道，豪放如你，亦不乏柔情。

对于朋友，你一腔热忱，从无虚情假意。自然，朋友们对你亦是如此。你被贬朗州后，曾患病卧床，好友柳宗元闻讯后，甚是着急，他从永州给你寄去药方，还请了医术高明的大夫为你医治。那年，你因诗被贬播州，柳宗元担心你母亲经受不住当地的苦寒和蛮荒，数次上书请求与你互换贬谪之地。

你们同行多日，终于在衡阳作别。临别，以诗相赠。你在诗中写道："归目并随回雁尽，愁肠正遇断猿时。桂江东过连山下，相望长吟有所思。"柳宗元则写道："今朝不用临河别，垂泪千行便濯缨。"

写完一首，觉得未能尽诉离情，你们又各写一首。你说："去国十年同赴召，渡湘千里又分岐。"他说："皇恩若许归田去，岁晚当为邻舍翁。"倘若天子允许，就让我们暮年归隐田园，比邻而居。这是他的愿望，也是你的。

没想到，此一别竟是永别。

人常说来日方长，真实的情况是，世事无常。

说好重逢，却往往是相见无期。

你四十八岁那年，柳宗元在柳州病故。离世之前，他将自己的诗稿和幼子托付给了你。你不负所托，将其诗稿编纂成集，于是有了《柳河东全集》传世。至于他的幼子，你视如己出，将他抚养长大。于你，朋友二字，重若泰山。这样的友情，让人好生羡慕。

除了柳宗元，你与同龄的白乐天亦是多年好友。那年，你被召回洛阳，在扬州偶遇乐天。一别多年，你们把酒言欢，谈诗论道，说不尽的快意风雅。当晚饮宴，乐天作了首《醉赠刘二十八使君》，他说："亦知合被才名折，二十三年折太多。"你则作了首《酬乐天扬州初逢席上见赠》，你说：“沉舟侧畔千帆过，病树前头万木春。”

在扬州逗留数日，你们结伴回洛阳，一路饮酒写诗，无比快活。回到洛阳后，乐天闲居，你任东都尚书。你们时常相约，游赏山水，尽兴而往，尽兴而归。后来，你前往苏州等地任职，你们也常音书往来，互道惦念之情。

晚年的你们，依旧经常诗酒相与，酬唱的诗有百余首，乐天还特意编纂了一本《刘白唱和集》，先后编集四次。乐天《赠梦得》一诗，写得甚是风趣。其中写道：“寻花借马烦川守，弄水偷船恼令公。闻道洛城人尽怪，呼为刘白二狂翁。”

七十岁那年，乐天遣散了小蛮及樊素等侍妾，写诗说“明日放归归去后，世间应不要春风”。你写诗调侃他：“轻盈袅娜占春华，舞榭妆楼处处遮。春尽絮飞留不得，随风好去落谁家。”意思是，正当妙龄的樊素，不知此后会落到谁人之手。乐天又回诗：“柳老春深日又斜，任他飞向别人家。”

一年后，你因病离世，乐天无比悲伤。他写了《哭刘尚书梦得二首》，不知不觉，已是老泪纵横。他说：“贤豪虽殁精灵在，应共微之地下游。”意思是，你虽离世，地下还有他的好友元微之伴你。

如今，我在一场细雨里遥望远方。时光深处，你在饮酒写诗。你的笔下，有“旧时王谢堂前燕，飞入寻常百姓家”，也有“东边日出西边雨，道是无晴却有晴”；有“人世几回伤往事，山形依旧枕寒流”，也有“行到中庭数花朵，蜻蜓飞上玉搔头”。

烟雨之中，你的身影渐渐模糊。

那个豪放豁达的你，终于回到了岁月深处。

而我，还在遥遥地望着。

【人物简介】

刘禹锡（772—842），字梦得。中唐诗人，性情豪放旷逸，世称“诗豪”。仕途多蹇，屡遭贬谪。诗文俱佳，与白居易并称“刘白”，与柳宗元交情甚笃，并称“刘柳”。有《刘梦得文集》《刘宾客集》传世。

刘禹锡

杜牧

扬州，一场不醒的梦

【摸鱼儿·寄牧之】

过红尘，浮生如寄，来去如真如雾。
千年犹似繁花落，一梦已成今古。愁难赋。
章台路，当年已把红颜负。幽欢佳趣。
别后各天涯，扬州十里，往事如尘土。
年华老，莫问玉人何处，常叹舜衣难补。
闲来把酒长安月，剩得知交三五。谁曾妒？
江南事，扁舟过处多烟树。一蓑飞雨。
白发笑功名，樊川归去，草木还如故。

牧之：

我总认为，扬州那场梦，你始终未醒。

你的青楼薄幸，你的风流不羁，都属于扬州。

扬州于你，是一场不醒的梦。

三十一岁那年，你来到了扬州。从此，你的生命便与扬州这座城市连在了一起。这座城里，有烟雨楼台，有扁舟画舫，一切都仿佛梦境。徐凝诗云："天下三分明月夜，二分无赖在扬州。"或许可以说，扬州是属于月色的。但是自从你去过，扬州便是属于你的。

在淮南节度使牛僧孺幕下任职，你的日子甚是清闲。于是，你总是流连于山水之间，偶尔也会寻幽访古。你喜欢，独步于深山；也喜欢，一叶扁舟，游荡于湖上。繁华的扬州，最合你的性情。

自然，风流纵逸的你，也喜欢流连于秦楼楚馆。寻常人去那里，只为寻欢作乐，而你寻找的，除了欢愉，还有知己。你知道，风尘之中有不少冷傲孤绝、才情不凡的女子。你喜欢与她们把盏倾谈。对你来说，倚红偎翠是人生乐事。

你天性不羁，对于世人的指摘，从不放在心上。后来，离开了扬州，你在那首《遣怀》中写道："十年一觉扬州梦，赢得青楼薄幸名。"你去过很多地方，但扬州是你最常忆起的地方。那时候，你曾在那里沉醉过，也放纵过。

某年某日，忆起扬州，你给好友韩绰寄去一首诗："青山隐隐水迢迢，秋尽江南草未凋。二十四桥明月夜，玉人何处教吹箫。”很显然，对于身在扬州的好友，你很是羡慕。当然，我知道，你最怀念的是那个娉娉袅袅的女子。

那日，你如往常一般走入了烟花巷陌。一段悲凉的琴声吸引了你的注意。顺着琴声的方向，你走了过去，停步在那里。弹琴的女子仍在弹琴，似乎并未注意到你。一曲弹罢，她才望向你。那时的你，风姿翩然；而那女子，眉目如画。然后，你们品茗闲谈，甚是投契。后来，她的小楼成了你常去的地方。才子佳人之间，一段故事，美得像诗。

只是，故事再美，也终有结局。

你们的结局，是人各天涯，两无消息。

三十三岁，你被召入朝，离开了扬州。从前的欢愉，换成了此时的悲伤。寻常的夜晚，一灯如豆。你们依着彼此，私语缠绵，却又各自黯然。你写了两首《赠别》，你说：“春风十里扬州路，卷上珠帘总不如。”你说：“蜡烛有心还惜别，替人垂泪到天明。”

十里扬州，春风十里，都不如她。

但你终于走了。后来，所有的温柔都成了往事。

每次想起，你都会悲伤。

你们，有各自的人生。风尘中的相聚，总是以默然作别为结尾。在你离开后，她的所有笑容都只是强颜欢笑。她知道，再也不会遇到如你这般才气纵横又视她为知己的男子。不知道，后来的你是否曾前去扬州寻她。我只知道，刹那即是永远。

多年后，被战火烧过，扬州一片荒凉。词人姜夔经过扬州，在一首《扬州慢》中如此写道：“杜郎俊赏，算而今重到须惊。纵豆蔻词工，青楼梦好，难赋深情。”不管怎样，扬州仍是你的扬州。那是一场不醒的梦。

而我，就在这场梦的外面，看你多蹇的人生。你出身高贵，祖父杜佑曾为宰相。但是，随着祖父和父亲离世，少年的你有过数年贫苦的时光。那些年，日子凄苦，但你从未放弃读书。事实上，你有着安济天下的愿望，如你在诗中所写：“平生五色线，愿补舜衣裳。”

二十六岁，你进士及第，其后又通过了制举考试，走入了仕途。当时的科举考试，鼓励名士大儒以及朝廷官员向主考官推荐才华横溢的学子。至于你，因《感怀诗》和《阿房宫赋》等诗文，在参加科举之前，早已名满长安。

那时候，时任太学博士的吴武陵对你甚是赏识，极力向主考官崔郾推荐你。据说，吴武陵拿着你的《阿房宫赋》给崔郾看，后者赞叹不已。吴武陵希望崔郾将你定为状元，可惜状元已有人选。几番讨价还价后，你被定为第五名。

可惜，你的科考之路如此顺畅，仕途却是一路荆棘。经过数年的幕府生涯，你被召回长安任监察御史，分司东都。那年，朝廷中发生了震惊今古的甘露之变。会昌元年（841），三十九岁的你，升任比部员外郎。从四十岁开始，你先后被外放至黄州、睦州、池州，皆是远离京城的地方。

牧之，你生性狂傲、不屑逢迎。

所以，你注定难以在尔虞我诈的官场立足。

后来，你虽被召回朝廷，却始终未受重用，最终也只做到中书舍人。那时候，你已将一切看淡。你修葺了祖父所建的樊川别墅，闲暇时去到那里，赏景写诗，偶尔也与两三好友对酌倾谈。终于明白，浮名虚利甚至抵不上一湖清水、一叶扁舟。

四十八岁那年，你三次上书请求外放湖州。在湖州任职时，你写过一首《叹花》：“自是寻春去校迟，不须惆怅怨芳时。狂风落尽深红色，绿叶成阴子满枝。”因为这首诗，后来的人们杜撰出了一段故事。

人们都说，你连续上书请求外放湖州，是为了赴一场十年的约。人们说，当年你在宣州沈传师幕下任职时，曾奉命出使湖州。湖州刺史设宴款待，还将全城歌女舞姬唤来，任你挑选。但是，在你眼中，那些女子皆是庸脂俗粉。后来，你无意中遇见一个清丽可人的女孩，甚是心动，便以财帛定聘，还与其母约好，十年后前往迎娶。

后来，你任湖州刺史，前往寻觅那位女子，才知道她已嫁人数年，并且生有二子。女子的母亲解释说，她们等了你十年，在你任职湖州时，距离约定已过去了十四年。人们说，你因为去晚，未得佳人，怅惘之余写了那首《叹花》。为了赴一场爱情的约定，请求外调湖州，这符合你风流不羁的性情。因此，这个故事人们都信以为真。

然而，仔细推敲，这个故事有不少漏洞。三十一岁那年，你便去了扬州，四十八岁任职湖州。若有十年之约，那么到你任职湖州，距离最初约定至少已过去了十七年。而且，你虽然生性不羁，却是个守信之人，若有约在先，必不会失约。

不过，风流纵逸的你，的确与红颜有着千丝万缕的联系。都说红颜薄命，你对世间红颜总有怜惜之意。那年在金陵，你遇到了年老色衰的杜秋娘，听了她的不幸遭遇，你便写了首《杜秋娘诗》。

当年，你在沈传师幕中认识了张好好。彼时，张好好美艳绝伦、能歌善舞。后来，她被沈传师的弟弟沈述师纳为小妾。数年后，你在洛阳任职，与张好好不期而遇。那时的张好好已被沈述师抛弃，成为一个当垆卖酒的女子。怜香惜玉的你，写了首《张好好诗》。

其实，你的诗里，有林泉风月，也有世事沧桑。比如，你写过“惆怅无因见范蠡，参差烟树五湖东”，也写过“停车坐爱枫林晚，霜叶红于二月花”；你写过“东风不与周郎便，铜雀春深锁二乔”，也写过“一骑红尘妃子笑，无人知是荔枝来”。

就这样，写着写着，你已是鬓发苍白。五十岁，你离开了人世。离开前，你为自己写下了墓志铭，焚烧了大部分诗文。一个心怀天下的诗人，从此悄然无声。但是，那场属于你的扬州梦，始终未醒。

【人物简介】

杜牧（803—852），字牧之，号樊川居士。晚唐诗人，诗文俱佳。诗多为感时伤世之作，与李商隐并称“小李杜”。有济世之志，曾诗云“平生五色线，愿补舜衣裳”，但仕途坎坷。暮年居樊川别业，世称“杜樊川”。有《樊川文集》传世。

李商隐

此情可待成追忆

【寄李义山】

白首斜阳故旧稀，闲来拄杖过清溪。
功名一世终难就，纷扰半生未肯离。
云下音书常有意，人间聚散本无题。
红尘往事堪惆怅，别恨悠悠到几时。

义山：

四十六岁那年，你默然离世。

一生的萧瑟与坎坷，终于画上了句号。

你的好友崔珏在《哭李商隐》中写道："虚负凌云万丈才，一生襟抱未曾开。"你才华横溢，可惜身处牛李党争的夹缝之中，一生不得志，郁郁寡欢。暮年的白居易对你的诗喜爱有加，甚至开玩笑说，希望死后投胎做你的儿子。

你天生聪慧，又十分好学，"五岁诵经书，七岁弄笔砚"。不幸的是，少时丧父，身为家中长子，你不得不承受生活的重负。那时候，你曾为人抄书挣钱，以补贴家用。同时，你刻苦读书，发誓要光耀门楣。那时的你，相信自己能进入仕途，大有作为。

十七岁那年，你来到洛阳，结识了令狐楚。你才华不凡，又温文尔雅，令狐楚对你甚是赏识。不久后，你又与其子令狐绹成了好友，时常同游陌上。后来，你进入令狐楚幕府任巡官。

令狐楚也曾指导你的诗文，你写诗表达感激："微意何曾有一毫，空携笔砚奉龙韬。自蒙半夜传衣后，不羡王祥得佩刀。"对你来说，那些年最重要的事情是苦读诗书，积极准备科举考试。

二十五那年，在经历了数次落第后，你终于进士及第。在参加科考的过程中，令狐楚对你多有资助。可你的人生，却在此后不久发生了根本性的转折。在你进士及第当年冬，令狐楚离世。次年初，在令狐楚下葬后不久，你应泾原节度使王茂元所辟，前往其幕下任职。王茂元也对你的才华极为赏识，并且将女儿许配与你。

你没想到，这竟是你一生悲剧的开始。王茂元与李德裕往来甚密，李德裕是牛李党争中李党领袖，因此王茂元被视为李党成员，而令狐楚父子则属于牛党。于是，在世人眼中，投入王茂元幕下的你，已属于李党，这是对令狐楚的背叛。从此，你被卷入党争的旋涡之中，一生不得志。

二十七岁，你顺利通过吏部授官考试，进入了仕途。然而，仕途于你，始终像是夜雨江湖，踽踽独行，不见灯火。几番浮沉，你所任的皆是微末小官。更多的时候，你只能委身在别人幕下。三十六岁那年，你回到长安，被任命为周至县尉。十年之前，初入仕途，你曾是弘农县尉。十年之后，几经辗转，你仿佛回到了原地。党争这件事，远比你想象中可怕。

仕途偃蹇，你曾向身居高位的故人令狐绹求助，但他对你不理不睬。那年，你再次前往拜访，令狐绹不在家，你便在他家墙壁上题了首诗："曾共山翁把酒时，霜天白菊绕阶墀。十年泉下无消息，九日樽前有所思。不学汉臣栽苜蓿，空教楚客咏江蓠。郎君官贵施行马，东阁无因再得窥。"

写这首诗，意在讽刺令狐绹忘记旧情。然而，在令狐绹的心里，恰恰是你不念旧情，进入了敌对的阵营。于是，看到那首诗后，他甚是生气，曾想铲掉那面墙，只因诗中有个"楚"字，而这正是其父之名，他才作罢，但还是将那间屋锁了起来。

义山，其实你并非人们想象中那样。

至情至性，正直率真，才是真实的你。

轻浮势利，朝秦暮楚，都不是你。

令狐楚父子有恩于你，你始终心存感激，从未做过有负令狐家的事。你天性率真，年轻的时候，对政治二字以及党争之事并无深刻的了解，所以轻率地进入了王茂元的幕府。事实上，在牛李党争激烈之时，你并未相机而动。朝廷中人大都机心重重，而你始终正直纯粹，不善逢迎之道。为了百姓疾苦，你不惜得罪上司。这才是真实的你。

一个纯真刚直、具有赤子之心的人，是很难在仕途立足的。而你偏偏还被卷入了党派争斗之中，仕途多蹇是必然的事。我想，你这样的诗人，更适合如陶渊明那样，隐退田园，饮酒赋诗。可我知道，若是那样，你少时的梦想便落空了。

义山，你喜欢写无题诗，而且所写之诗大都隐晦朦胧，甚是难解。偏偏，世人多具好奇之心，你的诗越隐晦难解，人们就越喜欢猜测。猜着猜着，在人们心中，你成了一个多情种的形象。

人们说，青年时期你曾在玉阳山修道。在那里，你认识了宋华阳，并很快陷入了爱河。传说宋华阳本为宫女，随公主上山修道。她娇艳明媚，你风流倜傥，于是一见倾心。但因身份所限，你们的爱情不能公之于众。很多时候，你们只能偷偷相见，离别后便以书信传情。人们说，你那两句“相见时难别亦难，东风无力百花残”是为宋华阳而写。

人们还说，后来宋华阳怀孕，你被逐下了山，此后你们再未见面，你在那首《春雨》中写道：“远路应悲春晼晚，残宵犹得梦依稀。”多年后，故地重游，忆起当年之事，你甚是感伤，于是写了首《重过圣母祠》，你说：“玉郎会此通仙籍，忆向天阶问紫芝。”

不过，你与那位柳枝姑娘的故事，却是真实的。我始终觉得美好。那年，你赴京赶考，路过洛阳时，在堂兄李让山家停留多日。柳枝秀美纯真，琴艺高超，也喜欢诗。某日，让山吟诵你的《燕台》一诗，柳枝闻听，被诗意打动，得知作者是你，便割下一截衣带，请让山转交给你，并以此求诗一首。

次日，你和让山来到柳枝家附近，柳枝与你约好三日后相见，说到时候她必焚香等你。然而，事有不巧，你未能赴约。再后来，柳枝被人娶为妾室。你作了《柳枝五首》，请让山题在柳枝旧日居处。

一段故事，还未开始就已结束了。

想必，多年后，忆起此事，你仍会感伤。

不过，那时候，你已有妻子相伴。

其实，最让我感动的，是你对妻子的深情。那年，你们于某次筵席上偶遇，一见倾心。你在那首《无题》中写道："身无彩凤双飞翼，心有灵犀一点通。"因为俗事牵绊，你们许久未见。

二十六岁那年，你进入王茂元的幕府，并且娶了其女为妻。你所娶之人，正是当时与你心有灵犀的那位女子。她叫王晏媄，端庄秀丽，温婉可人。我在想，你不顾一切进入王茂元的幕府，从此被视作李党成员，正是为了这位王小姐。为爱奋不顾身，这才是我欣赏的那个李义山。

新婚宴尔，日子是温馨和美好的。

琴瑟和鸣，琴书相酬，你们的生活便是这般模样。

那时候，日日相见，仍是日日相思。

王小姐比你小十岁，你爱她如生命，发誓终生守护她。那时候，你的诗里尽是柔情。你说："裙衩芙蓉小，钗茸翡翠轻。锦长书郑重，眉细恨分明。”你说：“近知名阿侯，住处小江流。腰细不胜舞，眉长唯是愁。”于你，她是一处平生未见之佳景，怎么都看不够。

你写过一首《为有》：“为有云屏无限娇，凤城寒尽怕春宵。无端嫁得金龟婿，辜负香衾事早朝。”细读之下，终于明白，其中所写并非女子的惆怅，而是你的不舍。你希望，和那小女子永不分离。

然而，为了生活，你不得不与她分离，奔波于尘世。后来，你们有了孩子，你更需要四处奔走。你应该感到幸运和幸福，尽管你仕途坎坷，始终不得志，但出身高贵的王小姐始终不离不弃。她爱你，如你爱她那般。你的悲喜，你的冷暖，她都懂得。

离别后，你们只能音书寄情。那次，你们天涯相隔，你寄给她一首《夜雨寄北》：“君问归期未有期，巴山夜雨涨秋池。何当共剪西窗烛，却话巴山夜雨时。”你盼着相聚之日，共话西窗之下，道尽离别之苦。

执子之手，与子偕老，世间最美的爱情不过如此。可惜，你们未能携手走到最后。三十九岁那年，妻子离你而去，从此人间只剩凄凉。你在诗中写道：“相思树上合欢枝，紫凤青鸾共羽仪，肠断秦台吹管客，日西春尽到来迟。”只有经历生离死别，才能明白肝肠寸断的滋味。八百多年后，那位叫纳兰容若的词人在爱妻去世后，留下了一句“当时只道是寻常”。从前的许多事，已成了往事，不忍想起，却又总是想起。许多日子，你都泪眼模糊。

但是，无论如何，人生还要继续。你们的孩子，你还要抚养成人。后来，你再未续娶。你总是在回忆里找寻些许温暖。在梓州幕府时，柳仲郢见你孤苦，想将一个年轻的女子许配给你，但你思念着亡妻，婉言谢绝了。

四十四岁，飞雪之日，你写诗说：“潘岳无妻客为愁，新人来坐旧妆楼。春风犹自疑联句，雪絮相和飞不休。”当年，同样飞雪的日子，你曾与妻子赏雪联诗。果然，“当时只道是寻常”，往事不堪回首。

你说：“此情可待成追忆，只是当时已惘然。”终于，四十六岁那年，至情至性的你，带着满心的遗憾离开了人世。一生过往，不过是一抹云烟。

我记得，凉薄的世界，你曾深情而活。

只是，真正了解你的人，并不多。

【人物简介】

李商隐（813—858），字义山，号玉溪生。晚唐著名诗人，诗多朦胧隐晦，被称作“西昆体”，元好问诗云“诗家总爱西昆好，独恨无人作郑笺”。与杜牧并称“小李杜”，又与温庭筠并称“温李”。因卷入牛李党争，一生郁郁不得志。有《李义山诗集》传世。

李商隐

温庭筠

你是自己的英雄

【点绛唇·寄飞卿】

大梦浮生，红尘辗转应长啸。
风流年少，刹那成翁媪。
才气凌云，往事一蓑了。
开襟抱，此生狂傲，总把王侯笑。

飞卿：

五十五岁那年，你离开了尘世。

三年后，那个叫鱼玄机的女子香消玉殒。

不知道，若是重来一次，你是否会娶她为妻。

认识你的时候，她还叫鱼幼薇。她是个聪明灵秀的女子，七岁便可作诗。她曾写诗说“自恨罗衣掩诗句，举头空羡榜中名”，恨自己空有满腹才华，却不能与一众须眉争锋。和你相逢的时候，她还是个十岁的小姑娘。那时候，你早已诗名远播。初见那日，她当着你的面即兴赋诗一首。诗写得清新脱俗，你惊讶不已。

后来，你成了她的老师，时常去她家，指点她写诗。对你来说，她只是个灵秀的小女孩。但她，与你相处久了，竟然芳心暗许，喜欢上了才华横溢的你。她对你的情意，你心知肚明，但故作糊涂。对你来说，你们的关系始终是师生，或者如父女。

后来，你离开了长安，十几岁的鱼幼薇无比惆怅。那个秋天，她写了首《寄飞卿》，其中写道：“珍簟凉风著，瑶琴寄恨生。稽君懒书礼，底物慰秋情？”冬夜，她又在一首《冬夜寄温飞卿》中写道：“苦思搜诗灯下吟，不眠长夜怕寒衾。”她对你的思念与日俱增，渐渐地，等待变成了凄凉。而你，始终默然以对。

她写诗说：“易求无价宝，难得有情郎。”终其一生，遇见许多男子，但真正爱过的只有你。她曾想过，嫁你为妻，过平淡的小日子，诗酒酬唱，岁月静好。可惜，这样的爱情，你无法给她。我希望，你不娶她，是因为你只把她当作学生，而非囿于世俗礼法。我知道，那不是你的性格。不管怎样，她痴情于你，一生无悔。

后来，她嫁给了李亿。但李亿已有家室，其妻将鱼幼薇赶出了家门，还逼着李亿写了休书。李亿不得已，只好将鱼幼薇安置在一座道观中。从此，鱼幼薇成了鱼玄机。再后来，李亿回到了江南。鱼玄机心灰意冷，开始放纵自己。最终，她因为失手打死自己的婢女而被斩首。敢爱敢恨的她，离世时才二十六岁。

其实，最初和最后，她爱的始终是你。可惜，你虽是个风流不羁的诗人，也对她照顾有加，却从未有过情爱之念。或许，从她迷恋你开始，她的悲剧就已注定。

却也无法，落花有意，流水无情。

我知道，你也曾心疼过，但你不能给她现世的安稳。

飞卿，你天资聪颖，又自幼好学，善于写诗填词，精通音律。你的诗词，我总是爱不释手。比如“过尽千帆皆不是，斜晖脉脉水悠悠。肠断白蘋洲”；比如“小山重叠金明灭，鬓云欲度香腮雪。懒起画蛾眉，弄妆梳洗迟”；比如“雁声远过潇湘去，十二楼中月自明”。当然，我最喜欢的是你写相思的那两句：“玲珑骰子安红豆，入骨相思知不知。”

你才思敏捷，科场考试诗赋才华，听说你叉手八次便能完成八韵的律诗，因此被人称作“温八叉”。

你惊才绝艳，却也是风流不羁。你喜欢纵酒，也喜欢游荡于烟街柳巷，倚红偎翠。一百多年后，词人柳永科举落第，愤懑之余，写了首《鹤冲天》，他说“才子词人，自是白衣卿相”，他说“烟花巷陌，依约丹青屏障。幸有意中人，堪寻访。且恁偎红翠，风流事，平生畅”。他还说“忍把浮名，换了浅斟低唱”。我在想，这首词像是为你而写。

二十四岁那年，你只身来到长安。因为诗名太盛，京城王孙公子争相与你结交，其中还包括庄恪太子。你本以为，有庄恪太子相助，科考必能马到成功。然而，后来庄恪太子因流连风月不思进取被皇帝禁足，最终郁郁而终。

你恃才傲物，不屑于王侯贵胄，也常写诗讥讽，因此受权贵排挤，寥落一生。吟诵山水风月的时候，你是个恬淡的诗人；流连勾栏瓦舍的时候，你是个风流的才子；讽刺权贵显达的时候，你是个勇敢的战士。

飞卿，我欣赏那个放浪形骸的你。

当然，我更欣赏那个恃才放旷、鄙薄权贵的你。

在长安，你与令狐滈多有往来，因此常常出入于其父令狐绹府中。令狐绹时为宰相，他性情古板，不喜欢你风流不羁的做派，更不喜欢你与其子纵酒放浪，流连风月。而后来发生的一些事，让他对你的态度从讨厌变成了怨恨。

宣宗喜欢《菩萨蛮》之曲，令狐绹便将你所作之多首《菩萨蛮》进献给宣宗，并谎称是自己所作。他让你保密，但是不久后你便将此事公之于众了。

还有那次，宣宗作了首诗，其中有“金步摇”一词，冥思苦想后仍无对仗的词语，便让你来对，你立即对以“玉条脱”，甚是工整，宣宗十分赞赏。但是，身为宰相的令狐绹并不知玉条脱为何物，更不知出自何典。他问你，你说出自《南华经》，还说《南华经》

并非冷僻书籍，宰相大人在闲暇之余，也该多读点书。可以想象，那时候位极人臣的令狐绹，心里是何种滋味。

另外，你还曾对人说："中书省内坐将军。"意在讽刺令狐绹尸位素餐。从此，令狐绹对你恨意难消。某次科考，你本有机会登第，因为令狐绹从中作梗，你终是名落孙山。后来你写诗说"因知此恨人多积，悔读《南华》第二篇"。你多次参加科考，皆以落第结束。想必，后来的你终于知道，这都是因为你性情不羁、傲视权贵，对可能左右你前程的人多有得罪。

在你四十四岁那年，博学鸿词科考试在长安举行，你为京兆尹柳熹之子柳翰代笔。此事泄露后，你的科考希望彻底断送。原本，你也有在官场大展拳脚的愿望。但是，你的性情让你落魄终生。

四十九岁，你漂泊于襄阳、江陵等地。一年后，你被镇守襄阳的徐商辟为巡官。后来，徐商离开襄阳，你去了江东。五十二岁那年，你辗转到了淮南。此时，镇守淮南的正是令狐绹。那日，你在醉酒后被虞侯打伤，令狐绹却判虞侯无罪。

五十五岁那年，你在长安任国子助教，主持秋试，得罪了宰相杨收，被贬为方城县尉。临行前，长安的许多好友为你送行。纪唐夫在送行诗中写道："凤凰诏下虽沾命，鹦鹉才高却累身。"你才气纵横，却又为才气所累，让人感慨。

人们只知道，你和李商隐并称"温李"，却不知你们是至交。那年在长安，你们偶然相逢，倾盖如故。其后，你们时常诗酒酬唱。那年，闻听好友卢献卿离世，李商隐写了首《闻著明凶问哭寄飞卿》寄给你，诗中写道："空余双玉剑，无复一壶冰。"在他的心里，你们是双玉剑。李商隐孤傲，但他将你视为知己。可惜的是，他四十六岁，便离开了人世。

飞卿，我喜欢你那首《利州南渡》，你说：“谁解乘舟寻范蠡，五湖烟水独忘机。”我总在想，你该是寄情山水的诗人，于云水间，一叶舟，一壶酒，一轮月，逍遥自在。

但我又想，你的人生就该是真实的那个样子。

恣意潇洒，狂放不羁，才是真正的你。

你是自己的英雄。

【人物简介】

温庭筠（812—866），字飞卿，晚唐诗人。精通音律，善于写诗，也喜填词，与李商隐并称“温李”，又与韦庄并称“温韦”。才情卓绝，但狂放不羁，被权贵排斥，屡试不第，终身潦倒。有《温飞卿集》传世。

李煜

不爱江山爱美人

【清平乐】

江山无限，终是他人管。
缱绻前尘幽梦断，惆怅也欹孤馆。
黄昏独自凭栏，曾经风月无边。
往事不堪回首，春归天上人间。

重光：

听说，你是被宋太宗赵光义鸩杀的。

四十二岁，你远离了尘嚣，一切都化为了尘土。

你说，世事漫随流水，算来一梦浮生。人生，本就是大梦一场，浮名虚利、是非功过，都不过是云烟。红尘万丈，我们都是空手而来，空手而去。

人们说你荒淫误国。其实，仔细想想，真正让南唐覆灭的，是无情的岁月。在一个乱世将被统一的时候，南唐作为一个小国注定要湮灭于岁月。只是，你恰好赶上了，做了那个末代君王。

你风流俊雅，若是生于仕宦之家，本可以做个游山玩水、吟风弄月的词人。可你偏偏生于帝王之家。而且，许是苍天作弄，把千里江山放在你的肩头，让你去承受亡国的悲伤和千年的骂名。

重光，作为先帝的第六子，你本来离帝位很远。事实上，你也从未想过立于江山之巅，俯视天下。曾经，你不问政事，沉醉于琴书诗酒、山水云烟。你知道，作为帝王，要日夜操劳于家国之事，你自问不具备定国安邦的能力。

可是后来，除了你的长兄，其他几位哥哥相继病故。即使如此，你仍旧醉吟风月，过着优哉游哉的日子。毕竟，还有大哥李弘冀和叔叔李景遂在，无论如何南唐天子的位置也轮不到你。

如果可以，你只想做个富贵闲人，远离纷扰和尘嚣。但是那年，李弘冀为了稳固自己的太子之位，买通杀手除掉了叔叔李景遂。然而，杀了皇位的最有力争夺者，李弘冀却是终日忧心，最终患病而死。于是，懦弱慈悲的你被立为太子，进入了东宫。

二十五岁那年，父亲李璟驾崩，你在金陵即位。你本想畅游于山水林泉，纵情于书画诗词，可是那时，你登上了江山之巅。或许，彼时的你会有几分恍惚，希望那只是一场梦，梦醒的时候，你仍可以醉心琴酒诗书，而不是周旋于家国大事。可是很遗憾，一切都是真的。仅仅维持了三十九年的南唐，注定要断送在你的手里。

这是你的幸运，更是你的不幸。

身为帝王，受万民朝拜，是无数人的梦想。

但是，对你来说，那些都无意义。

那时的天下，风云变幻，战乱不休。而你的心里，只有诗酒风月。你并不知道，如何让一个国家强盛，如何让黎民免受流离之苦。那支吟诗作画的笔，终究画不出个天下太平。

那些年，身在江山之巅，你做得最多的不是治理天下、勤勉政事，而是饮酒填词、纵情声色。在天子的位置上，你过的却是才子佳人的日子。偶尔俯视天下，看到的是一片混乱。在你登基前一年，遥远的北方，赵匡胤通过陈桥兵变夺取了帝位，建立宋朝。而且，他想要的不止是称王于一隅，而是统一天下。自然，你治下的南唐，也是他消灭的对象。

三十九岁那年，南唐灭亡，你从此背上了荒淫误国的骂名。你成了阶下囚，被押送到了开封。此后的日子，你都是在屈辱中度过的。诗酒琴书、江山风月，再也不是从前的模样。

那个暮春，帘外雨潺潺。

你独自凭栏，遥望无限江山。

你看到的是，流水落花春去，天上人间。

许多日子，你填词赋诗，满心凄凉。你说：“多少恨，昨夜梦魂中。还似旧时游上苑，车如流水马如龙。花月正春风。”你说：“高楼谁与上？长记秋晴望。往事已成空，还如一梦中。”你说：“四十年来家国，三千里地山河。凤阁龙楼连霄汉，玉树琼枝作烟萝，几曾识干戈？”

重光，人们说，人生如棋，落子无悔。

可是往往，我们并非下棋之人，而只是棋子。

风神俊逸的你，本该是来去飘然的诗人，与诗酒为友，与云山为邻。你本该是这样：“浪花有意千里雪，桃花无言一队春。一壶酒，一竿身，快活如侬有几人。”或者这样：“一棹春风一叶舟，一纶茧缕一轻钩。花满渚，酒满瓯，万顷波中得自由。”可是，生活如禅，不许你过那样的人生，它给了你一个将死的王朝，让你眼睁睁地看着王朝覆灭。

最后那几年，幸好有小周后伴着，你才少了些孤寂和绝望。那年，初见小周后，十五岁的她身姿婉婳，清扬婉兮。你们于后宫相会，你作了首《菩萨蛮》：“花明月暗笼轻雾，今宵好向郎边去。刬袜步香阶，手提金缕鞋。画堂南畔见，一向偎人颤。奴为出来难，教君恣意怜。”

在开封，她陪你过着以泪洗面的日子。

从前琴瑟和鸣的日子，那时候忆起来甚是苦涩。

当然，想必你也会忆起你的大周后。

那时候，初登大宝的你，身处宫中，甚觉无味。后来，你遇见了她，一见倾心。她是美的，清丽脱俗，能歌善舞，还会填词写诗。不久后，你便封她为后，开始纵情后宫。你为她填词，她为你弹琴，倘若你并非君王，而只是个风雅词人，你们的日子算得上快意。

你曾为她作词：“晚妆初过，沉檀轻注些儿个。向人微露丁香颗，一曲清歌，暂引樱桃破。”在你面前，她纯真秀美，你愿意用一生时光为她写诗填词。

你们还一起修复了《霓裳羽衣曲》，她为你翩然起舞。沉醉之余，你在那首《玉楼春》中写道：“晚妆初了明肌雪，春殿嫔娥鱼贯列。笙箫吹断水云间，重按霓裳歌遍彻。”

那时的大周后，可谓三千宠爱在一身。人们说，你是个多情的人，其实你无比痴情。二十八岁那年，大周后生病，你心疼不已，数日衣不解带地陪着她。而且，她的汤药，你都要亲自尝过才让她喝。但是后来，她终是故去了。其后，你在悲伤里日渐憔悴。

你在《挽辞》中写道：“艳质同芳树，浮危道略同。正悲春落实，又苦雨伤丛。秾丽今何在？飘零事已空。沉沉无问处，千载谢东风。”你还作了《昭惠周后诔》，回忆了从前甜蜜而诗意的生活，文辞让人动容。在她去后，你的词少了些旖旎，多了些悲凉。

在大周后离世数年后，你将其妹妹、那个含苞待放的女子立为皇后，即小周后。小周后亦是绝世佳人，不仅容貌秀美，而且琴棋书画俱佳。因为她，你的日子仍旧乐趣无穷。

当然，后宫的日子越是欢愉，你对于江山社稷的关心便越少。那时候，大宋崛起，南唐小国已是危如累卵。终于，战乱之中，一个存在了三十九年的朝廷被岁月碾成了齑粉。而你，无奈地成了亡国之君。

暮春时节，你独立北方，满目凄凉。

“林花谢了春红，太匆匆。无奈朝来寒雨晚来风。”

你凄凉地叹息，“人生长恨水长东。”

那个七夕，你生日那天，你作了那首《虞美人》：“春花秋月何时了？往事知多少。小楼昨夜又东风，故国不堪回首月明中。雕栏玉砌应犹在，只是朱颜改。问君能有几多愁？恰似一江春水向东流。”没想到，这首词竟成了你的绝命词。不久后，宋太宗赐给你一瓶毒药。在你去后不久，小周后也离开了人世。

重光，我真希望，你只是个寻常的词人。

可是，红尘万丈，我们都有太多的无可奈何。

浮生若梦，我们都在梦里。

【人物简介】

李煜（937—978），字重光，号钟隐、莲峰居士等。南唐末代君主。工于书画，精通音律，擅于填词。其词前期华丽明快，后期深沉悲凉。公元 975 年，南唐为宋所灭，李煜被俘，三年后死于东京。世称李后主、南唐后主。

林逋

梅妻鹤子，
孤山不孤

【寄和靖】

红尘来去有无间，独爱茅庐雨作烟。
放鹤湖东天地远，植梅篱下酒诗闲。
扁舟一往云常在，紫陌千年人未还。
千古是非不过问，青山夜夜伴君眠。

君复：

那年去西湖，在孤山立了很久。

在我看来，孤山的一切，都是属于你的。

你在那里的时候，那是个山明水净的地方。而我去的时候，那里更多的是荒凉。我立在那里，遥望岁月深处，终于看到了来去悠然的你。但是，转念之间，眼前依旧是剩水残山。我想，有你的孤山，才是真的孤山。

如今，西湖孤山上，还有你的坟茔。坟茔周围种有梅花。坟茔之侧还有鹤冢，人们说那里葬着你当年养的鹤。如今，“梅林归鹤”为西湖十八景之一。我希望，有更多如我这样的人，经过孤山时，能遥望你的身影。但我又想，你生性好静，恐怕不喜欢被人打扰。

我喜欢你的生活方式，也常想远离尘嚣，于山水之间安身，寄情诗酒。但我终不能如你那般，隐于林泉，二十年不入繁华之地。我知道，你是因喜欢隐居而隐居，并非如许多人那样，以隐居求仕。

你天资聪颖，又极是好学，年少时已对经史子集无比熟稔。只是，饱览群书的你，却不屑于考取功名。我知道，你天性淡泊，喜欢寂静，不喜喧嚷。而且，你很清楚，官场之中，多的是尔虞我诈、钩心斗角，少的是清澈明净、正直率性。多年前，陶渊明不愿为五斗米折腰，辞官归隐田园。可他毕竟几度出仕为官，而你，对功名之事甚是不屑。

你喜欢的，是诗酒云山。许多人为了功名搭上了一生时光，而你只愿纵情山水，与自己把酒酬酢。在别人为了考取功名四处奔走的时候，你正在畅游山水，吟诵风月。江南烟雨、小巷楼台，都是你的故友。物欲横流的世界，你唯恐避之不及。

世人皆好比对，因此总在争名夺利。

而你，只愿以自己喜欢的方式活在人间。

我欣赏的，就是那个遗世独立的你。

四十岁后，你结束了四处漂泊的日子，寄身于西湖之畔。你在孤山结庐而居，与山水草木为邻。那里，有你喜欢的宁静，还有一湖清水。春天，你可以看杨柳依依；夏天，你可以看莲叶田田；秋天，你可以对酌明月；冬天，你可以寻梅踏雪。对你来说，西湖孤山便是陶渊明笔下的桃花源。

诗里说："春有百花秋有月，夏有凉风冬有雪。若无闲事挂心头，便是人间好时节。"你的心里，没有尘埃渣滓，没有名利是非，所以活得寂静而悠闲。你是个纯粹的诗人，可以在自己心里修篱种菊。或许，大千世界、湖山风月，都抵不上你心底那一份安恬。

陶渊明爱菊，你则偏爱梅花。有人说，你在孤山上种了三百多株梅树，还说你在欣赏梅花之余，也将梅子出售，以供生活所需。不过，也有人说，你只种了一株梅树。

除了植梅，你也喜欢养鹤。邻居见你年过不惑还孑然一身，劝你娶妻生子。你却毫不在意地说，梅花便是你的妻子，白鹤便是你的孩子。梅为妻，鹤为子，这样的清绝我无论如何都做不到。

事实上，梅花于你，既像是妻子，又像是知己。从植梅到赏梅，其中的乐趣只有你自己知道。你在那首《山园小梅》中写道："众芳摇落独暄妍，占尽风情向小园。疏影横斜水清浅，暗香浮动月黄昏。”我想，你喜欢梅花，只因梅花傲雪，如你的性情。

君复，我知道，隐逸的生活，并非谁都能消受。那种孤独与寂寥，许多人无法承受。而对你来说，孤山的生活并不孤独，也不空虚。你可以植梅放鹤，也可以读书吟诗，偶尔写字作画，日子算得上丰盈。

后来，你的书法备受好评。陆游说：“君复书法又自高胜绝人，予每见之，方病不药而愈，方饥不食而饱。”明代沈周写诗说：“宛然风节溢其间，此字此翁俱绝俗。”当然，我知道，对于后世的褒贬，你不会在意。

隐于孤山，你并非闭门不出，你只是不入城市罢了。你有大把光阴，来领略湖光山色。许多日子，你总是驾一叶扁舟，游荡于山水之间。有时候，你也会前往深山古刹，与高僧坐而论道。当然，你也会与文人墨客相约，诗酒唱和。

若是家里有客造访，童子便将白鹤放飞，你看到后就会乘舟而回。你喜欢清净，但也欢迎风雅之人到访。听说，杭州郡守薛映甚是欣赏你的才华与性情，常到孤山与你把酒酬唱，还曾为你修葺茅庐。

君复，你在乎的，是将短暂的一生过得逍遥快意。至于千载声名，你从不在意。因此，你虽喜欢写诗，却是随写随弃，从不存留。有人问你原因，你说最喜林山风月，对现世的声名都不在乎，更何况死后的事。不过，你大概不知道，你的不少诗作还是被有心人保存了下来。

喜欢你诗中的那份安恬静谧，比如“鹤闲临水久，蜂懒采花疏”；比如“碧涧流红叶，青林点白云”；比如“棋子不妨临水著，诗题兼好共僧分”；比如“微风几入扁舟意，新霁难忘独茧期”。

对你来说，名利二字只有牵绊与羁束。

所以，你宁愿将自己交给林泉草木、曲径茅庐。

你知道，在那里，你是纯粹的自己。

四十六岁那年，宋真宗听人说起了你，便以财物相赐，还嘱咐杭州官员对你多加关照。此后，不少人劝你出仕，你的答案是，生于尘世，不为娶妻生子，不为功名利禄，只愿与青山绿水相伴。

暮年，你在茅庐旁为自己筑好了墓穴，并且作诗说：“湖上青山对结庐，坟前修竹亦萧疏。茂陵他日求遗稿，犹喜曾无封禅书。”尽管如此，在你离世后，仁宗皇帝还是赐你谥号“和靖”。因此，后世的人们都称你为“和靖先生”。

后来，金人入侵，宋室南渡，定都于杭州。皇帝下令在孤山修建寺庙，只有你的坟茔被保留。多年后，明朝文人张岱在《西湖梦寻》中说，南宋灭亡后，有人掘开了你的坟茔，只寻得一只端砚和一支玉簪。来得寂静，去得清白，这便是你。

想那张岱，亦是性情中人。某年冬天，他住在西湖，数日大雪后，他驾一叶扁舟，独自前往湖心亭看雪。到湖心亭后，见有人在围炉把酒。虽不相识，他却受邀饮了数杯。可惜，隔着六百多年，你们无缘相识。

我在想，那支玉簪是否与爱情有关。人们都知道你以梅为妻，以鹤为子。但也有人说，你年轻时曾娶妻，后来妻子早逝，你未再续弦。其实，真相到底如此，早已不重要。重要的是，在举世追名逐利的时候，你结庐而居，独善其身，活出了风骨。

君复，你一生的痴情，都给了梅鹤。

而孤山上的梅花与白鹤，亦常伴着你，不离不弃。

天真澄澈如你，值得世人怀念。

你写过一首《相思令》：“吴山青，越山青。两岸青山相对迎，争忍有离情？君泪盈，妾泪盈。罗带同心结未成，江边潮已平。”人们总在猜想，这首词所写的，是你与某个女子的故事。

君复，你是否真的有过一段刻骨铭心的爱恋？

若是有，我想那定是一段美丽的往事。

那支玉簪，便是最后的念想。

【人物简介】

林逋（967—1028），字君复，被后世称为“和靖先生”。北宋隐逸诗人。学识渊博，擅诗文，但作诗极少留存。性情孤傲，淡泊名利，终身不仕。中年后隐于西湖孤山，与诗酒梅鹤为伴，世人称之为“梅妻鹤子”。

柳永

忍把浮名，
换了浅斟低唱

【清平乐】

半生狂荡，云水堪游赏。
富贵功名皆似网，换了浅斟低唱。
烟花巷陌流连，别来地北天南。
杨柳晓风残月，朝朝暮暮无言。

耆卿：

你一生寥落，郁郁不得志。

因此，很多时候，你更愿意将自己交给花街柳巷。

在那里，你倚红偎翠，半醉半醒。

我知道，在那之前，你有一段美丽的婚姻。那年，十八岁的你迎娶了你的新娘。美人如玉，才子无双，你们情投意合。她是个兰心蕙性的女子，琴棋书画无所不精，正是你曾经幻想过的妻子的模样。而她，早已听闻了你的才名，对你欣赏有加。

那晚，红烛之下，你揭开了她的盖头。她羞涩地浅笑，嫣然如画。于你，春花秋月，夏风冬雪，都极是入心。但那时候，最入心的是那个温婉可人的女子。今夕何夕，见此良人，你们都无比欢喜。月色下的相逢，是初见，又像是重逢。

次日，忆起前一晚的柔情缱绻，你写了首《斗百花》，你说“初学严妆，如描似削身材，怯雨羞云情意。举措多娇媚”，你还说“长是夜深，不肯便入鸳被。与解罗裳，盈盈背立银釭，却道你但先睡”。夫妻闺房之乐，被你写在词里，遭到了许多道学先生的指斥。但这就是你的性情，坦荡率真，疏狂恣意。

后来，你们将日子过得如诗如画。煮酒填词、寻梅踏雪，是你们；游山玩水、烹茶作画，也是你们。那时候，有诗有酒，有风有月，你们年华正好。渐渐地，美丽的相逢，成了两个人的情深意笃。

那女子，能为你红袖添香，也能与你渔舟唱晚。如果可以，你愿意一生为她填词写诗。后来，你写了首《玉女摇仙佩·佳人》，你说“自古及今，佳人才子，少得当年双美。且恁相偎倚”，你说“为盟誓，今生断不孤鸳被”。

你们的日子，有现世的安稳，也有诗意的美丽。

如果可以，你们愿意为彼此倾尽温柔。

可惜的是，上天总不遂人愿。数年后，你在京城，写着“系我一生心，负你千行泪”思念妻子的时候，她却在故乡猝然离世。人生就是这样，总有些事让我们猝不及防。我们能做的，只是学着承受。

妻子离世，你的世界突然间只剩荒烟蔓草。肝肠寸断时，你仍在填词。你说：“最苦是、好景良天，尊前歌笑，空想遗音。望断处，杳杳巫峰十二，千古暮云深。”你说：“这回望断，永作终天隔。向仙岛，归冥路，两无消息。”

未经历生离死别的人，不明白黯然销魂的滋味。

许多日子，你都是在悲痛中度过的。

元稹说：“曾经沧海难为水，除却巫山不是云。”对你来说，妻子是世间最美的风景。此后的人生，你虽续弦，却也只是为了满足父母的愿望。事实上，父母对你的愿望，除了结婚生子，还有功成名就。你自幼聪颖无比，有神童之美誉，因此父母对你期望甚高。

十九岁那年，你离开故乡崇安，前往京城。但是，经过江南的时候，你爱上了那里的湖山风月，于是停了下来。没想到，一停就是数年。来到杭州，你作了首《望海潮》，你说“烟柳画桥，风帘翠幕，参差十万人家”；你还说“重湖叠巘清嘉，有三秋桂子，十里荷花”。

这首词，可谓写尽了杭州风华。据说，百余年后，金主完颜亮看到这首词，对江南无比神往，随即起了挥兵南下攻宋之意，还写诗说："提兵百万西湖上，立马吴山第一峰。"

后来，看惯了湖山佳景，你终于离开江南，来到了汴京。京城的繁华，并未让你迷失。二十六岁，你第一次参加科举，踌躇满志。考试前，你在那首《长寿乐》中写道："对天颜咫尺，定然魁甲登高第。"然而，你落第了。

本以为考取功名如探囊取物，没想到竟以落第结束，你无比失落，也无比苦闷。苦闷之余，你填词表达不满，在那首著名的《鹤冲天》里，你说"才子词人，自是白衣卿相"，你还说"忍把浮名，换了浅斟低唱"。

但是耆卿，我知道，这只是狂放的你在落第之后的牢骚之语。你虽风流不羁，但始终存有用世之心。只是，命运一次次和你开玩笑，让你屡试不第。

据说，你第二次参加科考，本已被录取，但那首《鹤冲天》传至宫中，被仁宗皇帝听到，气愤地说："且去浅斟低唱，何要浮名！"而无比自负的你，便干脆自称"奉旨填词柳三变"，肆无忌惮地出入于烟花巷陌，以饮酒填词、醉卧风月为乐。

景祐元年（1034），五十一岁的你再次参加科举，终于登第，进入了仕途。可惜，一切都来得太晚，你最终只做到屯田员外郎。七十岁那年，你合上了眼，远离了红尘。

从此，世间一切再与你无关。

刹那浮生，就像一场梦。梦醒便是离开之时。

但后来的人们，都记得那个流连风月、醉卧花间的你。你生性不羁，喜欢放浪形骸，不屑于世人褒贬。年轻时，你就喜欢流连于秦楼楚馆。后来，科考落第，你更是如此。你喜欢将失意的自己交给烟花巷陌，寻得几分快意和温柔。如你所说："烟花巷陌，依约丹青屏障。幸有意中人，堪寻访。且恁偎红翠，风流事，平生畅。"

那时候，你的词里尽是旖旎。比如，"身材儿、早是妖娆。算风措、实难描。一个肌肤浑似玉，更都来、占了千娇"。比如，"簌簌轻裙。妙尽尖新。曲终独立敛香尘。应是西施娇困也，眉黛双颦"。比如，"倾城巧笑如花面。恣雅态、明眸回美盼。同心绾"。比如，"知几度、密约秦楼尽醉。仍携手，眷恋香衾绣被"。比如，"须臾放了残针线。脱罗裳、恣情无限。留取帐前灯，时时待、看伊娇面"。

当然，前往烟花巷陌，你寻觅的除了快意风流，还有风尘知己。你知道，风尘之中，不乏才貌双全的女子。你喜欢听她们弹琴，也喜欢与她们把酒倾谈。对她们，你除了怜惜，还有理解。她们流落风尘的无奈与苦楚，你都懂。可以说，你是带着一个真诚和温暖的自己前往风月之地。事实上，风尘之中也并非尽是薄情寡义之人。你对她们真心，她们也自然会真心待你。

耆卿，你才情无双、风流俊逸，又深情款款，无论在江南还是汴京，那些歌女舞姬都以见到你、受你青睐为幸事。她们说："不愿穿绫罗，愿依柳七哥；不愿君王召，愿得柳七叫；不愿千黄金，愿得柳七心；不愿神仙见，愿识柳七面。"她们见惯了庸俗虚伪的男人，如你这般风姿翩然又真心实意的男子，实在太难得。

四十一岁那年秋天，你离开汴京，与某个红颜知己作别。那日，寒蝉凄切，骤雨初歇。你们执手相看，泪眼迷离。你作了那首千古流传的《雨霖铃》。你说："今宵酒醒何处？杨柳岸，晓风残月。此去经年，应是良辰好景虚设。便纵有千种风情，更与何人说！"

对深情的你来说，所有的离别都意味着黯然销魂。但你，终究是走了。从此，你们人各天涯，音信无凭。如今，读这首词，就仿佛那场离别仍在进行。

离别后，音书难寄，更是怅惘。你说："无那。恨薄情一去，音书无个。"你说："一日不思量，也攒眉千度。"你说："归去来，玉楼深处，有个人相忆。"当初的怜惜是真的，后来的相思也是真的。对于红颜，你从不虚情假意。

人们说，你离世时贫困潦倒，是一群烟花女子合力葬了你。而且，此后每年清明节，许多烟花女子都会去你的坟前祭扫。只因，你曾以一片真心待她们。风流如你，想必也会觉得安慰。

写着这封信，我又看到了那场雨。

寒蝉凄切，骤雨初歇。一场离别正在上演。

多情自古伤离别。果然如此。

【人物简介】

柳永（984—1053），原名三变，字景庄，后改名柳永，字耆卿。北宋婉约派代表词人。少有才名，有济世之志，但屡次参加科举不第，填词云"忍把浮名，换了浅斟低唱"。五十一岁及第，进入仕途，最后以屯田员外郎致仕，世称"柳屯田"。有《乐章集》传世。

欧阳修

醉翁之意不在酒，
在乎山水之间

【菩萨蛮】

青山相对终无厌，
看来常似佳人面。
谁道少知音，溪边一片云。
茅庐闲把酒，烟水风来皱。
自在几人同，千年一醉翁。

永叔：

印象中，你始终在滁州。

那里，有江山风月，也有烟雨朦胧。

那里，有“春潮带雨晚来急，野渡无人舟自横”。

你虽是被贬至滁州，却能自得其乐。你喜欢独酌于郡厅，听风听雨；也喜欢与民同乐，游走于山水之间，把酒临风。就像那日，你与一群人来到山间，纵情于诗酒，然后写了那篇《醉翁亭记》。你说，“醉翁之意不在酒，在乎山水之间”。你喜欢饮酒，因此在我印象中，你始终是醉意蒙眬的样子。旷达恣意，潇洒自如，便是你。

你学识渊博，作为一代大儒，苏轼、苏辙、曾巩等人皆受过你的提携。五十一岁那年，你任科举主考官。在那场考试中，你看到一份考卷，文笔犀利，字字珠玑。你心想能写出此等文章的，定是自己的学生曾巩。为了避嫌，你将这份考卷定为第二名。后来才发现，那篇文章的作者是苏轼，你甚觉后生可畏。后来，你在给好友梅尧臣的信中说：“老夫当避路，放他出一头地也。”苏轼也没有辜负你的厚望，终于成了一代大家。

永叔，你虽官至刑部尚书、兵部尚书，但我知道，你的仕途并不顺遂。或者说，你的人生充满坎坷。你年少失怙，四岁时父亲去世，只能随母亲去投奔叔父。你天资聪颖，自幼喜欢读书。那时候，母亲经常用芦秆作笔在沙地上教你写字。少年时，你总是手不释卷。

你时常从邻居家借书来抄读，往往还未抄完，已能背诵。因此，母亲和叔父都对你期望甚高。

二十四岁那年，你以第十四名的名次进士及第。据主考官晏殊说，你未能中状元，是因为年轻气盛，锋芒毕露，考官们都想挫挫你的锐气。

尽管未能夺魁，但那是你人生最快意之时。你如愿进入了仕途，而且还被无比赏识你的恩师胥偃选为乘龙快婿。及第次年，你前往洛阳任职。那年，你娶了胥氏为妻。胥氏为大家闺秀，容貌秀美，知书达礼，你甚是欢喜。我在想，你笔下的“弄笔偎人久，描花试手初。等闲妨了绣功夫，笑问双鸳鸯字怎生书”，或许就是为了胥氏而写。想必，你们也有过琴书酬唱的日子。

在洛阳，你结识了一生至交梅尧臣。你们时常流连山水、吟诗作赋。身为上司的钱惟演性情旷逸，对手下的一众才子管束甚少，你们因此过得极其快意。那次，你和几个同僚前往嵩山游赏，黄昏时天降大雪。没想到，钱惟演竟派使者带着歌妓和厨师前去，让你们尽情赏雪。

那时候，你作过一首《浪淘沙》，你说：“聚散苦匆匆，此恨无穷。今年花胜去年红。可惜明年花更好，知与谁同？”人们说，人生何处不相逢；人们也说，别时容易见时难。只不过，年轻的你，写离情别绪，有几分为赋新词强说愁的意思。

后来，钱惟演离开了洛阳，继任者王曙不再放纵你们，还以寇准因享乐而被贬官为例警告你们。那时候，你年少轻狂，立即顶嘴说，寇准之所以被贬，并非因为耽于享乐，而是该退身却未退。

洛阳的日子，可谓风流快意。

想必，后来那些年，你定会时常忆起洛阳。

后来，你的仕途开始阴晴不定。二十八岁那年，你在京城任馆阁校勘。那时候，你仍过着“座上客常满，樽中酒不空”的日子。但是，两年后，范仲淹推行改革，触犯了守旧派的利益，被贬饶州，你因为支持改革被贬为夷陵县令。

三十四岁那年，你被召回京城。三年后，范仲淹等人推行“庆历新政”，再次受到守旧派的打击，纷纷被贬。而你，也因为参与改革而被贬为滁州太守。此后多年，你先后任职于扬州、颍州等地。四十三岁，你再次被召回京城任职。五年后，你受人诬陷再次被贬。不过，为了让你参与修撰《新唐书》，仁宗收回了诏令。

永叔，我欣赏你的豁达。无论身在何处，你总能寻得几分悠然。那些年，你几度被贬，却始终是诗酒流连的模样。对你来说，世间最不该辜负的就是诗酒风月。身在江南，你总是将自己交付给云水。

在扬州的时候，你时常约好友共酌。夏日里，与友人饮酒，你时常让歌妓传荷花，传到谁，谁就摘一片花瓣，直到最后一片传至某人手中，那人便饮酒一杯。在颍州，你的日子亦是丰盈写意。离开时，州民洒泪相送，你写诗说：“我亦只如常日醉，莫教弦管作离声。”

豁达从容，乐天知命，这就是你。

仕途起落，浮生聚散，你似乎总不经心。

你想要的，是活得快意潇洒。

尽管如此，在面对那些流言蜚语的时候，你定然愤懑过。那年，你被贬滁州，除了支持改革，还有个原因是被人诬陷与外甥女有染。你妹妹嫁人后丈夫早逝，她带着亡夫与前妻的女儿来投奔你。你将此女抚养长大。你曾在一首《望江南》里写道："江南柳，叶小未成阴。人为丝轻那忍折，莺嫌枝嫩不胜吟。留着待春深。"政敌们便以此大做文章，称你与外甥女有不伦之情，你百口莫辩。

六十一岁那年，你再次被政敌构陷。此前，你妻子的堂弟蒋宗孺犯法，你未施以援手解救，蒋宗孺怀恨在心，诬陷你与长媳有染。这样的传言立即成了政敌们攻击你的理由。所幸当时的皇帝并未相信。饶是如此，你已厌倦了争名夺利的官场。

终于，六十五岁那年，你以太子少师致仕，隐退颍州。远离了纷扰，你再次过上了诗酒流连的日子。杭州有西湖，颍州也有西湖。你喜欢独步湖畔，也喜欢泛舟湖上。如你在词中所写："轻舟短棹西湖好，绿水逶迤。芳草长堤，隐隐笙歌处处随。"颍州是你的归宿，多年前你就曾想过终老于此。六十六岁，你走完了自己的人生。

永叔，我欣赏你的乐观豁达，也喜欢你的诗词。在你的笔下，有"去年元夜时，花市灯如昼。月上柳梢头，人约黄昏后"；也有"平芜尽处是春山，行人更在春山外"；有"夜深风竹敲秋韵，万叶千声皆是恨"；也有"人生自是有情痴，此恨不关风与月"。

当然，我也欣赏你的幽默。在我看来，幽默是一种能力，也是一种人生态度。你曾对朋友说，平生所作之文章，大都在"三上"，即枕上、厕上、马上。你说，唯有如此，方能好好构思，方能有好文章。

那年，你与宋祁同修《新唐书》。宋祁好古文，总喜欢用生僻文字。他比你年长九岁，你不好直说，便于某天清晨在门上写了八个字："宵寐非祯，札闼洪休。"宋祁看到后，思索良久，知道这两句话不过是"夜梦不详，题门大吉"之意。然后，你告诉他，你是在模仿他的笔法。宋祁明白了你的用意，此后为文便力求简洁明了。

你的结发妻子早逝，后来你续娶了薛奎的四女儿。巧合的是，与你同年参加殿试并获得状元的王拱辰娶了薛奎的三女儿。后来，王拱辰妻子离世，他又续娶了薛奎的五女儿。你写诗调侃道：“旧女婿为新女婿，大姨夫作小姨夫。”这就是你，豁达乐观之外，还有几分幽默风趣。这样的你，加上诗才满腹、纵情诗酒云山，便是一个完整的醉翁。

千年之后，隔着岁月，我似乎仍能看到你。

你在颍州，悠然度日。琴一张，棋一盘，酒一壶。

最后，一叶扁舟，划出了红尘。

【人物简介】

欧阳修（1007—1072），字永叔，号醉翁，暮年号六一居士。北宋文学家、政治家。二十四岁进士及第，官至枢密副使、兵部尚书，谥号“文忠”，世称“欧阳文忠公”。与韩愈、柳宗元、苏轼、苏洵、苏辙、王安石、曾巩并称“唐宋八大家”，又与韩愈、柳宗元、苏轼并称“千古文章四大家”。有《欧阳文忠公集》传世。

晏几道

半生寥落，一世天真

【御街行】

画楼当日多欢笑，往事空凭吊。
天涯独自对清樽，湖上兴来归棹。
清宵无梦，高楼欹枕，月似眉弯小。
落梅砌下无人扫，且作从容貌。
门前夜雪又飘零，惆怅难开襟抱。
几声残笛，满头华发，只为相思老。

叔原：

七十三岁，你走完了自己的一生。

离开前，你是否曾忆起那些白衣胜雪、裘马轻狂的日子？

那时候，人生的大幕刚刚拉开。转眼，已是落幕之时。

于岁月，七十三年，也不过是一刹那。

你的一生，是一场起承转合完整的大戏。不管怎样，在经历了许多悲喜浮沉之后，你仍是那个纯粹的自己。你的一生，可用天真二字来概括。许多人，经历了世事就会变得圆滑，变得世故，变得薄情。而你，始终是那个最初的自己，一份痴情，一颗赤子之心。

你的至交黄庭坚曾如此评价你的痴："仕宦连蹇，而不能一傍贵人之门，是一痴也。论文自有体，不肯作一新进士语，此又一痴也。费资千百万，家人寒饥，而面有孺子之色，此又一痴也。人皆负之而不恨，己信人，终不疑其欺己，此又一痴也。"可以说，经过几十年岁月的洗礼，你仍是一个天真的孩子。

以自己喜欢的方式过一生，这就是你。

荒凉也好，落魄也好，你从不后悔自己的选择。

你是含着金钥匙出生的。父亲位极人臣，而且是才名远播的词人。作为父亲的第七子，你受尽宠爱。你的身边，有许多的仆人丫鬟。可以说，你是在绮罗丛中长大的。后来，忆起幼年生活，你在那首《生查子》中写道："金鞭美少年，去跃青骢马。牵系玉楼人，绣被春寒夜。"

自小生长于脂粉堆里，成人后你也喜欢将自己交付给温柔乡。少年时期，你一袭白衣，喜欢吟风弄月、斗鸡走马。你的几位兄长先后入仕为官，而你对功名利禄之事了无兴致。倘若你追名逐利，有父亲的荫庇，高官厚禄绝非难事。可你喜欢的，是湖光水色、烟雨红颜。你的心思，几乎全在儿女私情上。你喜欢过逍遥自在的生活，不喜牵绊和羁束。

读你的词，就好像在你的故事里走一遭。终于发现，所有的故事里，都有你种下的相思树。仿佛，你始终活在一场梦里，梦后楼台高锁，酒醒帘幕低垂。梦里，你与红颜相遇，诗酒相与，然后各自天涯，音书难寄。于是，最初的温柔变成了最后的相思。于是人们说，你的一生，都在著相思。

“落花人独立，微雨燕双飞”，是最后的孤独。

“当时明月在，曾照彩云归”，是最初的温柔明媚。

我在想，如你父亲那般，于官场春风得意、位极人臣，固然算得上幸运；而如你这样，无意于功名，纵情词酒、一世率真，也未尝不可。

裘马轻狂的年岁，你喜欢与好友吟诗作赋，也喜欢流连于花街柳巷。你风流潇洒、才华横溢，又是富家公子，自然会受到无数歌妓的追捧。你喜欢听她们弹琴，一曲琵琶，道尽人间悲喜；你喜欢与她们倾谈，夜月之下，说尽今古。你喜欢她们为你缓歌曼舞，“舞低杨柳楼心月，歌尽桃花扇底风”。自然，酒浓之时，你也喜欢为她们填词，再听她们绣口唱出。那时候，汴京城里到处都有你写的词。

多情俊雅的翩翩公子，娇艳如花的青春女子，故事在诗酒歌舞中悄然发生。那时候的岁月，像一壶酒。烟花巷陌，有你半醉半醒的身体，有你的多情，也有你由衷的怜惜。

故事的开头，尽是温柔缱绻，比如：“斗草阶前初见，穿针楼上曾逢。罗裙香露玉钗风。靓妆眉沁绿，羞脸粉生红。”比如：“小令尊前见玉箫。银灯一曲太妖娆。歌中醉倒谁能恨，唱罢归来酒未消。”

开始有多温柔，最后就有多凄凉。

在相思里憔悴的时候，你只能饮酒填词安慰自己。

你说：“流水便随春远，行云终与谁同。酒醒长恨锦屏空。相寻梦里路，飞雨落花中。”你说：“春悄悄，夜迢迢。碧云天共楚宫遥。梦魂惯得无拘检，又踏杨花过谢桥。”你说：“欲尽此情书尺素，浮雁沉鱼，终了无凭据。”你说：“醉别西楼醒不记。春梦秋云，聚散真容易。”

那时候，你的生活里只有词酒红颜。你常与好友沈廉叔、陈君龙饮宴。自然，每次饮宴总有歌妓助兴。那些婀娜多姿、巧笑嫣然的女子，都是你少年人的梦。只是，你太痴情，陷入这梦里，便不曾醒来。梦里的美丽与哀愁，都在你心里变成了词。

有时候，你甚至分不清梦境与现实。偶尔，与从前深情相与的红颜相遇，你觉得恍如梦里，恰如你词中所写：“从别后，忆相逢。几回魂梦与君同。今宵剩把银釭照，犹恐相逢是梦中。”

十八岁那年，你的人生急转直下。父亲病故，你的生活突然间蒙上了一层阴影。你应该知道这意味着什么。但你，仍是那个天真的你。尘世的风雨，改变不了你的天性，改变不了你的痴情。

父亲离世后，素来对你疼爱有加的二哥二嫂担负起了照顾你的责任。后来，他们给你娶了妻，成了家。然而，对你来说，生儿育女之事太过现实和索然，诗酒风月才是人生。

叔原，我喜欢你的天真和不羁。

尽管，这样的性格注定要被世人指摘和嘲讽。

但若非如此，你便不是那个纯粹的自己。

你虽厌恶官场，但为了生活，以门荫入仕，作了太常寺太祝。但你性情率真，不屑于官场的阿谀逢迎，也不懂得保护自己。三十七岁那年，你的好友郑侠反对王安石变法，向皇帝进献了两幅《流民图》，获罪于变法派，最终被流放至穷乡僻壤。

变法派在郑侠家中搜出了你那首《与郑介夫》，诗中写道："春风自是人间客，主张繁华得几时？"他们认定这首诗意在讽刺变法新贵，你因此锒铛入狱。后来，你虽被神宗释放，但经此一事，你更加厌恶官场。

四十五岁那年，你在颍昌任职，知府韩维是你父亲的弟子。上任后不久，你给韩维进献了数首词作，大概是希望他念在你父亲的面子上给你以照拂。对你来说，这已是违背性情的事情。没想到，韩维看了你的词，甚是冷漠，说你才华有余，德行不足，全然不顾昔日与你父亲的师生之情。世态炎凉，人情冷暖，让你对仕途彻底死心。

于是，你又将自己交给词酒风流。你曾与好友王肱把酒酬唱，在他离世后，你为他的遗作写了序，一边写一边悲伤。黄庭坚是你一生的至交，每次相遇你们总会流连山水、酬对风月。四十二岁那年，你们再度相逢，相与多日，饮酒填词，甚是快活。有时候，你们酩酊大醉，便睡在酒家。有时候，你们纵论世事，同榻而眠。可惜的是，人生总是聚少离多。离别之后，关山迢递，你们也只能写词遥寄思念之情。

叔原，你的天真和率性让你的人生看似潇洒，却是一片狼藉。但我欣赏这样的你。在你流连风月、与朋友纵情词酒的时候，生活已是困顿不堪。为此，你的妻子常有抱怨。因为贫苦，你们经常搬家。对你来说，最重要的只有那些藏书。你敝帚自珍，但你妻子讨厌你的那些书，说你像是乞丐搬碗。

很显然，你们不属于同一世界。你要的是风花雪月，而她要的却是柴米油盐。天真如你，与生活对垒过，却似乎从未懂得生活。你喜欢的，始终是词酒风月、红袖添香。

人们说，最好的处事方式莫过于知世故而不世故。

但你，似乎从不知道世故为何物。

那次，名满天下的苏东坡想与你结交，请黄庭坚代为转达。而你的回答竟是“今日政事堂中半吾家旧客，亦未暇见也”。朝廷之中，半数是你家旧日座上客，因此没空相见。这样的回答定会让苏东坡难堪。但这就是你的性情。

孤傲自负的你，也让蔡京难堪过。那年，你已年至古稀，重阳节那日，位高权重的蔡京让人代为求词，你很敷衍地写了两首《鹧鸪天》，只字未提蔡京。

七十三岁，你在寥落中离开了尘世。但是在我看来，你始终在那里，白衣胜雪，裘马轻狂。你的世界里，有风花雪月，有烟雨红颜，就是没有世俗。你的世界里，当时明月仍在，缓歌曼舞仍在。

天真的你，活在一场温柔的梦里。

红尘在，梦就在。

【人物简介】

晏几道（1038—1110），字叔原，号小山。北宋婉约派词人，晏殊第七子。率性纯真，孤傲不群，与其父并称“二晏”。其词多言情，长于小令，婉约清丽，感情细腻。有《小山词》传世。

苏轼

此心安处是吾乡

【临江仙】

千古风流轻似梦，算来几个英雄。
也曾仗剑挽雕弓。浮生诗酒在，酬酢有山翁。
长啸短歌沧海上，是非聚散成空。
无边山色有无中。临风常自得，拄杖也从容。

子瞻：

你说，心似已灰之木，身如不系之舟。

但你，却把一段坎壈的人生，过成了一首诗。

平平仄仄之间，尽是旷达从容。

你是这样：“村舍外，古城旁。杖藜徐步转斜阳。殷勤昨夜三更雨，又得浮生一日凉。”你也是这样：“休对故人思故国，且将新火试新茶。诗酒趁年华。”当然，你还是这样：“老夫聊发少年狂，左牵黄，右擎苍，锦帽貂裘，千骑卷平冈。”

你可以于烟村茅舍，独立残阳；可以于暮春时节，看柳斜风细、烟雨蒙蒙；也可以挽雕弓如满月，西北望，射天狼。走过红尘万丈，你始终不徐不疾，从容淡定。于是，大江东去，浪淘尽，千古风流人物，而你依旧在那里，满头华发，说着人生如梦，一樽还酹江月。你配得上“风流”二字。

你之为官，不求高名巨利，只求安济天下，问心无愧。五十三岁那年，你前往杭州任知州。当时，杭州大旱，又逢瘟疫，民生多艰。你除了向朝廷请求减免赋税，还拿出自己的俸禄赈济灾民。除此之外，你疏浚六井，在西湖上筑了一道堤，又在堤上种植桃柳等树，以供百姓游赏。这道堤，后来被人们称作“苏堤”。

你知道，两百多年前，那个叫白居易的诗人曾在杭州任刺史数年。他亦如你，为官一任造福一方。可惜，你们离得太远，无缘相见，无缘把酒言欢。

白居易在杭州的时候，西湖是属于他的；你在杭州的时候，西湖便是属于你的。你写诗说："水光潋滟晴方好，山色空濛雨亦奇。欲把西湖比西子，淡妆浓抹总相宜。"于西湖，你不只是过客。

无论晴天雨天，你都喜欢漫步于西湖之畔。有时候，你会泛舟湖上，与云山倾情相对。据说，你曾命人将办公桌搬到西湖边上，在那里处理公务。或许是这样，一壶酒，一蓑雨，飘飘洒洒之间，已处理完俗事。剩下的，便只有闲情。

白居易离开杭州后，写过一首《杭州回舫》："自别钱塘山水后，不多饮酒懒吟诗。欲将此意凭回棹，报与西湖风月知。"想必，离开西湖，你也是同样的心情。

你说，江山风月本无常主，闲者便是主人。

在你离开后，西湖少了一个知己，定是寥落不已。

子瞻，我知道，才情卓绝的你，人生并不平顺。你天资聪颖，又有博学的父亲教导，才学精进很快。二十一岁，你进士及第。有前辈大儒欧阳修的奖掖，你很快便名满京师。但是，在你志得意满之时，母亲猝然离世，你不得不回到故乡守孝。三年丁忧期满，你再次来到汴京，通过了制举考试，进入了仕途。

三十岁那年，父亲去世，你再次回乡服丧。三年后，你再入朝廷。但此时正值王安石变法时期，许多故旧因反对变法被贬出了京城。三十五岁，你上书表达对新法的质疑，结果受到政敌打击。于是，你自请出京，任杭州通判。其后多年，你先后在密州、徐州等地任知州。那些年，日子始终清朗。四十三岁那年，你被调为湖州知州。没想到，不久后你的人生急转直下。

生活便是如此，突然之间雨雪飘零。

也好，有起有落、有悲有喜，才是真实的生活。

我最欣赏的，是那个在黄州的你。

在湖州上任未久，因为那封《湖州谢表》被革新派肆意攻击。而且，他们还四处搜罗你的诗作，从中挑出具有讽刺意味的诗句。在那场被称作“乌台诗案”的事件中，你被押解至汴京。在这场诗案中，受牵连者有数十人。你在狱中度过了一百多日，最后被贬为黄州团练副使。

初至黄州，你寓居寺院，甚是凄凉。你说：“拣尽寒枝不肯栖，寂寞沙洲冷。”后来，在好友马正卿的帮助下，你向州府借得土地数十亩，建了房舍。那里地处黄州以东，你称之为“东坡”。从此，你成了东坡居士，过上了素朴的农人生活。

东坡之上，你种豆种麦，也莳花种草。你喜欢陶渊明，喜欢他不为五斗米折腰的孤傲性情。那时候，你过的正是陶渊明喜欢的生活。你喜欢独立于东坡，看云山草木、细雨炊烟。你也喜欢，漫步山中，戴月而归。偶尔，你会扁舟一叶，在湖山之间畅游，与渔樵为伍。你说：“梦中了了醉中醒，只渊明，是前生。走遍人间，依旧却躬耕。”

晴天耕作，雨天读书，日子甚是悠然。彼时的你，有妻儿在侧，有诗酒在手，甚至称得上幸福。也只有你这样旷达豪迈的人，才能将被贬僻地的生活过得有滋有味。于心宽之人，世间之事都微不足道。

几经起落，对于名利之事，你已看得极淡。

此时的你，只愿与两三知己，对酌云下，秉烛倾谈。

那日，你与几个好友出行，在沙湖道逢着一场大雨，朋友们都觉得苦不堪言，唯独你泰然自若，走得不徐不疾。你说：“竹杖芒鞋轻胜马。谁怕，一蓑烟雨任平生。”你说：“回首向来萧瑟处，归去，也无风雨也无晴。”正所谓，世上本无事，庸人自扰之。对你来说，天阴天晴，月圆月缺，都只应随缘。

你说：“此心安处是吾乡。”你还说：“人间有味是清欢。”对你来说，玉盘珍馐、广厦良田，都抵不上心安二字。陋巷茅庐、粗茶淡饭，你也能过得快意坦然。若可以，你愿意辞官而去，做个闲人，对一张琴，一壶酒，一溪云。

后来，你又被贬惠州、儋州。你依旧不改豁达本性，在为黎民造福的同时，仍旧过着诗酒流连的日子。你说：“日啖荔枝三百颗，不辞长作岭南人。”因为你始终知道，人生在世，最重要的就是随遇而安四字。

子瞻，除了豁达从容，我也欣赏你的深情。

世间薄情寡义者太多，而你始终是深情款款的模样。

妻子离世十年，你仍念着她的好，去到她的坟前，黯然神伤。“十年生死两茫茫，不思量，自难忘。千里孤坟，无处话凄凉。”非至情至性之人不会如此。每年她的忌日，你都会去到那里，独立山冈，默然落泪。

你的侍妾朝云对你甚是了解。那次，你于饭后指着肚子问家中侍婢其中为何物，有的说文章，有的说见识，唯独朝云说，一肚子不合时宜。你那首《蝶恋花》，朝云经常吟唱。但是每每唱到“枝上柳绵吹又少，天涯何处无芳草”，她总会悲伤不已。

后来，朝云染病离世，你写了副对联：“不合时宜，唯有朝云能识我；独弹古调，每逢暮雨倍思卿。”而且，自她离去以后，你再未听那曲《蝶恋花》。

六十五岁，你在常州离世。不知道，离开的时候，你是否曾想起好友佛印和尚。从前，你们经常相约参禅。那次，你作了首诗偈“稽首天中天，毫光照大千，八风吹不动，端坐紫金莲”，让书童带给佛印。没想到，佛印在上面写了“放屁”二字。你甚是气愤，过江前去责问。佛印却大笑道：“学士，你自称八风吹不动，竟被一屁打过了江！”

或许，你会忆起西湖，和那些风雅的往事；或许，你会忆起黄州，忆起你的“东坡”。不管怎样，你去了，远离了世事纷扰。人生如逆旅，你我皆是行人，走着走着就到了尽头。

请允许我，隔着岁月，与你对酌一樽。

你已去远，但我觉得你始终都在。

【人物简介】

苏轼（1037—1101），字子瞻，号东坡居士。北宋文学家、书画家。二十一岁进士及第，但仕途坎坷，数次被贬。性情豪迈，豁达磊落。词多豪放，与辛弃疾并称“苏辛”。擅长散文，为“唐宋八大家”之一，又与韩愈、柳宗元、欧阳修并称“千古文章四大家”。书法独具风骨，与米芾、黄庭坚、蔡襄并称“宋四家”。

李清照

半生烟雨，
半世落花

【清平乐】

溪亭日暮，人在花深处。
琴瑟青州芳草路，闲适参差烟树。
门前风景曾佳，梧桐细雨窗纱。
一别红尘孤苦，秋风又落黄花。

李清照：

在南方的那些年，你定会时常想起北方。

想起北方，你定会想起那些如烟雨般轻柔的日子。

那时候，你未老去，岁月也无恙。

如果说人生是一场梦，那么对你来说，梦的前面是芳草斜阳，梦的后面是雨雪连绵。事实上，不只是你，大宋王朝亦是如此。曾经的清平世界，突然间烽火连城，满目的繁华终于成了往事。而你，则随着那个王朝流寓南方。从此，北方成了远方，你再未回去。那王朝，也再未回去。

依稀可见，明媚的少女于溪亭日暮，一叶扁舟，误入了藕花深处，扁舟过处，鸥鹭被惊起无数；依稀可见，雨疏风骤的夜晚，少女酣然而睡，醒来时，卷帘之人说海棠依旧，实则是绿肥红瘦。你定然记得，那个少女，正是年华正好的你。只是，那样的年月太遥远。

你生于诗书世家，父亲为苏东坡的学生。你天生聪慧过人，少有才名。那时候，你生活在繁华的汴京城，与诗书为伴。后来，你以一首《如梦令》让许多文人墨客击节叫好。

那时候，一切都是明丽和清雅的。你喜欢填词，在你的笔下湖山如画，岁月如诗，你说："水光山色与人亲，说不尽、无穷好。"你说："眠沙鸥鹭不回头，似也恨、人归早。"蓦然间，你已是个娉婷女子，灵婉清致、巧笑嫣然。你期待一场美丽的爱情。

清照，在孤苦的暮年，你定会想起那个男子。

他叫赵明诚，在你年华正好的时候，来到你的生命里。

你们的故事，被无数人羡慕和向往。

那年，你遇见了你的赵明诚。他是个温文尔雅、风姿翩然的男子，初见那日你便心动不已。后来，你将无人知晓的思念写在了词里：“绣面芙蓉一笑开，斜飞宝鸭衬香腮。眼波才动被人猜。一面风情深有韵，半笺娇恨寄幽怀。月移花影约重来。”

那日，风轻云淡，你在自家花园慵懒地荡着秋千，不知不觉罗衣湿透。突然间，闻听赵明诚到访，你在喜悦中跑掉了鞋子，头上的金钗亦滑落。尽管如此，你还是倚着门偷偷地看他。倚门回首，却把青梅嗅，那时的你既欢喜又娇羞。

那年，十八岁的你与二十一岁的他在汴京城结成了伉俪。锦瑟年华终有良人共度，你无比欢喜。自然，你也想过执子之手与子偕老。志趣相投的你们将日子过得温柔而素雅。你们可以探讨诗词歌赋，也可以研究金石书画。有时候，你们携手同行陌上，羡煞旁人。

那时候，你的词里有温馨也有旖旎：“理罢笙簧，却对菱花淡淡妆。绛绡缕薄冰肌莹，雪腻酥香。笑语檀郎，今夜纱橱枕簟凉。”那日清晨，你买了一枝梅花，在词中写道：“怕郎猜道，奴面不如花面好。云鬓斜簪，徒要教郎比并看。”其实，你知道，在明诚的心里，你是世间最美的风景，春风十里亦不如你。

清照，你定然不会忘记青州的生活。

对你来说，除了少女时期，青州的生活是最快意的。

那时候，你的手中有素净的光阴。

你喜欢清雅的日子，因此屏居青州最合你意。青州山明水净，适宜生活。你将自己的书房命名为归来堂，自号易安居士。那时候，有清风明月，有诗词书画，岁月静好。你们过着“被酒莫惊春睡重，赌书消得泼茶香”的日子。

你和明诚常到青州的街市上闲逛，遇到中意的字画便买下来，回家后细细赏玩。你们喜欢携手漫步山间，也喜欢悠然泛舟湖上。一起赏梅后，你填词说：“春到长门春草青，江梅些子破，未开匀。”所谓幸福，不过如此。

你想过，若能终老青州，也是一桩美事。如你在词中所写：“手种江梅更好，又何必、临水登楼。无人到，寂寥浑似，何逊在扬州。”我知道，你喜欢江南。可惜，后来身在江南的时候，心境却是无比凄凉。

在青州十余年后，明诚前往莱州任知州。你们分别多时，对你来说，那是苦涩的日子。你仍在填词，但词句里尽是思念和孤独。你说：“花自飘零水自流，一种相思，两处闲愁。此情无计可消除，才下眉头，却上心头。”你说：“东篱把酒黄昏后，有暗香盈袖。莫道不销魂，帘卷西风，人似黄花瘦。”你说：“惟有楼前流水，应念我、终日凝眸。凝眸处，从今又添，一段新愁。”

此时，虽然承受着相思的煎熬，但你们毕竟还有重逢之时。但是后来，世事突然凌乱，你的人生也急转直下。你四十四岁那年，山河破碎，民不聊生。金人的马蹄踏碎了大宋繁华的过往，徽宗和钦宗二帝以及无数王公贵族、后宫妃嫔成了金人的俘虏。康王赵构于战乱中即位。那年，你来到了江宁。那是你喜欢的江南，但是河山破碎之际，你心情沉郁，试灯无意思，踏雪没心情。

清照，你虽为女子，却有着男儿气概，你曾在词中写道：“九万里风鹏正举。风休住，蓬舟吹取三山去！”那时候，面对金人铁骑，南渡的宋室君臣渐渐失去了气骨，习惯了江南烟水的温软。对此，你甚是愤慨，你说“南来尚怯吴江冷，北狩应悲易水寒”，你说“南渡衣冠少王导，北来消息欠刘琨”。可惜，你的愤慨无人知晓。

那年，面对叛乱，明诚作为江宁太守弃城而逃，你对他无比失望。自然，你更加失望的是，无数大宋臣子都如他那般软弱。路过乌江，你写下了那首《夏日绝句》：“生当作人杰，死亦为鬼雄。至今思项羽，不肯过江东。”

明诚病故，只剩你独自飘零于乱世。

四十六岁的你，走在西风里，形单影只。

但你知道，这就是生活。

他去了，你还得鼓足勇气活下去。只是，许多事已不是从前的模样。你也曾赏梅，却只能感叹“一枝折得，人间天上，没个人堪寄”。那时的你，已是萧萧两鬓生华。

乱世之中，你四处飘零。但让你难过的，不是自己的无枝可栖，而是朝廷的偏安苟且。你说“欲将血泪寄山河，去洒东山一抔土”，身为女子，你不输须眉。那年，你在金华，独自登上八咏楼，遥望北方大地，在那首《题八咏楼》中写道：“千古风流八咏楼，江山留与后人愁。”可惜，宋室君臣听不到你的叹息。

你在杭州度过了最后二十年。西湖水一如从前，明净悠然。但是此时，湖水映照的是一个失去了风骨的朝廷。你总是希望，大宋王朝能北定中原。事实上，带领将士北上抗金的人并非没有。但你知道，岳鹏举在势如破竹、准备直捣黄龙的时候，被朝廷召回，最终死于莫须有的罪名。你很清楚，南宋王朝偏安一隅，只剩苟且的力气。

最后那些年，你过得甚是寂静。你总在读书填词，偶尔看看云水。风景是喜欢的风景，心情却不是。你说：“物是人非事事休，欲语泪先流。”你说：“终日向人多酝藉，木犀花。”那时的你，冷冷清清，凄凄惨惨，三杯两盏淡酒，敌不过晚来风急。日子，似乎总在秋天里，梧桐细雨，点点滴滴，滴碎了许多往事。

许多往事，你都经常想起。比如，少女时误入藕花深处；比如，青州那些赌书泼茶的日子。但是我想，你定然不愿想起那个叫张汝舟的男子。那年，你委身于他，却终于发现所托非人。倔强的你，坚决地离开了他，为此付出了身陷囹圄的代价，幸好经亲友营救，你只被关押了九日。

暮色苍苍的时候，你仍在遥望北方。那里，有你的故乡，有许多清晰的往事。你说：“故乡何处是，忘了除非醉。”可那里，是你回不去的地方。

从北方到南方，是一个王朝的悲伤。

当然，也是你的悲伤。

【人物简介】

李清照（1084—1155），号易安居士。宋代女词人，被誉为“千古第一才女”。其词多属婉约，清初韵学家沈谦将她与南唐后主李煜相提并论：“男中李后主，女中李易安，极是当行本色。”前期生活悠闲清雅，金兵入侵后，丈夫赵明诚离世，随宋室南渡，景况凄凉。有《漱玉词》传世。

赵佶

江山之巅，描摹风月

【点绛唇】

泼墨挥毫，当年笔底留风月。
万重宫阙，也把闲芳猎。
五国城中，独立千山雪。
空悲切，胡尘难灭，花落闻鶗鴂。

宋徽宗：

五十四岁，你凄凉地死在五国城。

被囚禁的八年，回首浮生过往，你是否后悔过？

你去了，却留下了千古骂名，这恐怕不是你生前想要的。作为帝王，你的一生可谓昏庸无道，最后导致金人入侵，一个王朝被迫偏安江南一隅，你注定无法流芳后世。据说，被囚禁八年，你还生有十四个孩子，实在让人无言以对。

据说，在你出生前，神宗皇帝在秘书省看到李后主的画像，见其俊雅风流，甚是惊讶，在你出生时，他又梦见李后主来谒见。所以，人们说你是李后主托生。虽是坊间传言，但你的人生的确与李后主很像。

李后主因沉迷声色而亡国，前车之鉴就在那里，仅隔着百余年，你竟然重蹈覆辙。被囚禁于五国城，你是否曾想起后主“问君能有几多愁，恰似一江春水向东流”的喟叹？知道的是，那时的你也曾填词写诗，你说：“花城人去今萧索，春梦绕胡沙。家山何处，忍听羌笛，吹彻梅花。”家山何处，是你该深思的问题。

四十四岁那年，金军大举入侵，你不想着如何守土保疆，却是仓皇将帝位传给太子赵桓。结果，汴京城被破，你父子二人以及皇子皇孙、王侯贵胄、后宫妃嫔共几千人被金人俘虏。再后来，康王赵构在应天府即位，又被金人一路赶至江南。你不知道的是，此后百余年，大宋王朝再未能回到中原，最后覆灭于无声。

你那首《宴山亭》常被人们提起，你说：“易得凋零，更多少、无情风雨。愁苦。闲院落凄凉，几番春暮。”你说：“万水千山，知他故宫何处。怎不思量，除梦里、有时曾去。无据，和梦也新来不做。”江山已被踏碎，再叹息也终是无用。

世间之人，都无法选择自己的出身。

我们能做的，只是过好这仅有的一生。

生于帝王之家，是你的幸运，也是你的不幸。

你生来聪颖，但你性情不羁，喜欢的是诗词书画、骑马蹴鞠、斗鸡走狗。十九岁那年，神宗驾崩，你登基为帝。普天之下莫非王土，率土之滨莫非王臣，但你立于江山之巅，却不能为江山社稷做主。在位二十六年，你做得最多的，不是振兴王朝，富国强兵，而是贪图享乐，纵情于声色犬马。

作为帝王，本该亲贤臣远小人，而你偏偏重用蔡京、童贯等奸佞之人，致使朝政昏暗，经济萧条，民不聊生，怨声载道。黎民疾苦无人问津，便会生乱，自古如此。后来，义军四起，北有宋江，南有方腊，虽最终被镇压，却也给大宋王朝带来了沉重的打击。然而，你并未吸取教训，仍在醉生梦死。后来你已知晓，方腊义军被镇压，距离金人攻破汴京，仅隔了数年。

在金人大举入侵的时候，你还在深宫泼墨挥毫。你是个文艺的天才，却被命运选择成为天子。身在帝王宝座上，你喜欢的不是批阅奏章，而是描摹风月山水。

若非身于帝王之家，你该是个风雅的文人。你喜欢饮酒填词，喜欢游山玩水。你自创的瘦金体挺拔飘逸，举世无双，九百年未有人超越。在位期间，你成立了翰林书画院，并且曾以绘画作为科考方式。

你曾以“深山藏古寺”为题命翰林书画院学生作画。有的画了崔嵬高山，中有寺院；有的画了古寺一隅，隐于山林。最让你满意的那幅画，画中只有一条小径，尽头有僧人在溪边打水。

据说，某个春日，游赏归来，你曾以“踏花归来马蹄香”为题，让画师作画。面对这个题目，许多画师不知从何入手。只有一个画师，画了一匹马，又在马蹄边画了几只蝴蝶，你为之赞叹。张择端完成《清明上河图》后，将它献给了你，你还在上面题字。但你知道吗？大宋河山在你手中，早已没有画中呈现的清平与安稳。

你结交的，大都是喜欢斗鸡走马的朋友。比如王诜、高俅。王诜本为驸马，娶了英宗之女为妻，但为人轻浮放浪，你却与他相交甚笃。他收藏了半幅《蜀葵图》，你想方设法寻得另外半幅送给他。而高俅，只是擅长蹴鞠，且善于逢迎之术，你便对他无比宠幸，还赐以太尉之职。

你喜欢骑马打猎，也喜欢蹴鞠。与整饬山河相比，这些事更让你快乐。你写诗说：“控马攀鞍事打毬，花袍束带竞风流。盈盈巧学儿男拜，惟喜先赢第一筹。”事实上，你的玩兴在登基多年后仍旧浓烈。

历代亡国之君，大都沉迷声色。

而你，与他们相比，可谓有过之而无不及。

刘贵妃出身寒微，但是有沉鱼落雁之容。于是，入宫后不久，便升为贵妃。后来，刘贵妃离世，内侍杨戬向你推荐另一刘姓女子，称其虽出身酒家，但生得花容月貌。于是，你马上召其入宫。其后，你对她百般娇宠，可谓六宫粉黛无颜色，三千宠爱在一身。可你应该记得，三百多年前，那位叫李隆基的天子，曾无比宠幸一位姓杨的女子，后来爆发了安史之乱，红颜殒命，天子退位。

你生性风流，喜欢流连风月。登基之前，你就喜欢放浪形骸的生活，时常游走于花街柳巷，寻花问柳，窃玉偷香。登基之后，你仍是禀性难移，后宫佳丽三千，却不够你贪欢。于是，你如轻狂年少之时，经常微服出宫，去到烟花巷陌寻欢作乐。你与李师师的风流韵事，几乎无人不晓。

李师师天姿国色，才貌兼具，名冠京师。据说，你经常带领侍从，悄然前往她的小楼，与之私会，也常在那里过夜。为了掩人耳目，你还设立行幸局。你彻夜未归，次日不上朝，行幸局便向朝臣谎称你身体抱恙。对你的荒唐行为，朝臣心知肚明，只是装作不知。那些敢于直言劝谏的，皆被你贬至僻地。

你不知道的是，词人周邦彦在汴京时，与李师师常有往来。他才华出众，李师师对他青眼有加。据说，某日他们正在诗酒酬唱，突然闻听你微服驾到，周邦彦吓得躲到了床下。他曾写过一首《少年游》：“并刀如水，吴盐胜雪，纤手破新橙。锦幄初温，兽烟不断，相对坐调笙。低声问向谁行宿？城上已三更。马滑霜浓，不如休去，直是少人行！”人们传说，这首词记录的正是当日情景。

你在声色犬马中度过了二十余年的帝王生活。突然间，马蹄声四起。先是各地农民迫于生计揭竿而起，后是金人大举入侵。那时候，你或许在认真描摹你的瘦金体，或许在某个佳人的身边欢愉。你在慌乱之中禅位给太子，却未能避免被俘的命运。

后来的那些年，你受尽屈辱。你写的诗，尽是凄凉。你说：“国破山河在，人非殿宇空。中兴何日是，搔首赋《车攻》。”你说：“彻夜西风撼破扉，萧条孤馆一灯微。家山回首三千里，目断山南无雁飞。”故国不堪回首，李后主如此，你亦是如此。

往事里面，有灯火辉煌，有歌舞升平。自然，还有你的风雅与荒唐。后来那些年，你定然心下了然，何以从江山之巅沦为阶下囚。想得越清楚，你就越后悔。可惜，人生是一段有去无回的旅程。而且，纵然重来一次，你恐怕还是那个沉迷声色的天子。

你去了，只留下一个萧索的背影。

千百年后，你的故事早已成了渔樵笑谈。

留骂名于世，你可有话说？

【人物简介】

赵佶（1082—1135），宋朝第八位皇帝，宋神宗之子，庙号徽宗。擅长书画，颇好骑马蹴鞠。在位期间沉迷声色，任用奸佞，致使北宋王朝危机四伏。靖康之变中，与其子赵桓被金人俘虏，五十四岁死于五国城。

岳飞

雄气堂堂贯斗牛，
誓将直节报君仇

【寄岳武穆】

临风把盏啸苍穹，跃马关河志未终。
宝剑朝天应饮血，长枪向北可屠龙。
满身胆气三军壮，十载功勋一刹空。
半壁山河烟雨里，偏安非是少英雄。

鹏举：

你戎马半生，却是功业未成。

最后，你竟因一个莫须有的罪名被害。

那年，你三十九岁，在大理寺遇害。同时遇害的，还有你的长子岳云以及部将张宪。在你的供状上，只有八个字：“天日昭昭，天日昭昭。”

二十年后，宋孝宗下诏为你平冤昭雪，追谥“武穆”。如今，你的陵墓在杭州西湖栖霞岭。你的墓前，有秦桧、张俊等四人的铁铸跪像。墓门上有对联：“青山有幸埋忠骨，白铁无辜铸佞臣。”多年前，我曾在你的墓前伫立许久。想着你跃马关山的模样，又想到你蒙冤被害，甚是难过。青史已还了你清白，但你收复河山夙愿未成的悲伤，却是岁月无法弥补的。

喜欢你的诗词，喜欢你词句中的豪情。你说：“雄气堂堂贯斗牛，誓将直节报君仇。斩除顽恶还车驾，不问登坛万户侯。”你说，“南服只今歼小丑，北辕何日返神州？誓将七尺酬明圣，怒指天涯泪不收。”

在那首《寄浮图慧海》中，你如此写道：“男儿立志扶王室，圣主专师报国仇。功业要刊燕石上，归休终伴赤松游。”你的愿望，是收复万里河山，然后功成身退，隐于山野。可这愿望，终是落空了。在你离开后的百余年中，大宋江山始终飘荡在江南水上，北方大地始终在胡虏手中。

鹏举，你若知此，定会无比悲伤。

但你也知道，南渡后的大宋王朝，习惯了苟且偏安。

上自天子，下至朝臣，看起来都孱弱不堪。

你生于寻常农家。据说你出生时，有大鹏飞过房舍，因此父母为你取名岳飞，字鹏举。少年时，你喜欢舞枪弄棒，也喜欢读兵书。后来，你拜周同为师，学得一身武艺。未及弱冠之年，你便能拉开三百斤的弓。后来，戎马倥偬，你定会想起苏东坡那几句："会挽雕弓如满月，西北望，射天狼。"

二十岁，为了保家卫国、建功立业，你应募入伍，开始了戎马生涯。当时的大宋王朝，在昏庸的宋徽宗统治下，早已没有了最初的繁华强盛，可谓外强中干。除了义军四起，还有金人虎视眈眈。

在你二十三岁那年，金人大举侵宋，徽宗匆忙让位于太子。金军所到之处，大肆劫掠，民不聊生。你从军中突围回到故里，目睹了金人对宋人的野蛮屠戮，以及战火过后百姓流离失所的惨状。你很想再次投军，但那时父亲已故，母亲年迈，孝顺的你不愿离开母亲。结果，深明大义的母亲鼓励你投军报国，还在你背上刺了"尽忠报国"四字。

靖康二年（1127），你二十五岁。那年四月，金军攻破汴京城，掳走了宋徽宗与宋钦宗，以及王公大臣等数千人。五月，康王赵构于应天府登基为帝。你上书赵构，希望他亲率大军北伐中原。没想到，一心为江山社稷着想的你，因为地位低微、越职上书被逐出了军营。

但你带着收复河山的愿望再次投军从戎。后来，你受到了老将宗泽的赏识。在其手下，你战功卓著，不断得到提升。宗泽曾多次请求北伐，皆被赵构否决。终于，古稀之年的老将带着遗憾离开了人世，临终前高呼：“过河，过河，过河！”

你二十七岁那年，金军再度南侵，意图占领整个大宋河山。赵构被金人赶着四处逃亡，建康沦陷。你率领岳家军，与韩世忠共同抵御金军。那时候，金军被困黄天荡四十日。你又在牛头山之战中大破金军，终于收复了建康城。

三十岁，你因战功卓著，被授中卫大夫、武安军承宣使，率军守卫长江。次年，赵构在临安接见了你，赐你“精忠岳飞”锦旗。三十二岁那年，你率岳家军击败了金与伪齐联军，收复了襄汉六郡。

但是鹏举，我知道，你要的不只是如此。

你要的，是北上中原，将金人赶出大宋的地界。

你说，白首为功名；你说：“欲将心事付瑶琴，知音少，弦断有谁听？”其实，你想要的功名，从来都不是高官厚禄，而是金瓯重圆，江山完整。为此，你可以抛头颅洒热血。“黄沙百战穿金甲，不破楼兰终不还”，这便是你的心思。若能北定中原，即便马革裹尸，你也愿意。

三十五岁，你被赵构委以中兴大任。兴奋之余，你上表《乞出师札子》，陈述了北伐中原的详细计划。然而，在北伐一事上，赵构的态度却是反复无常。靖康之变后，大宋君臣已成了惊弓之鸟。赵构作为天子，既想收复河山，又担心北伐失败金人变本加厉南侵。因此，他始终想着和谈。甚至，宋军的许多胜利，都被他当作与金人和谈的筹码。而你，从来都不主张和谈。

三十八岁那年，宋金再度开战。完颜宗弼率军攻打顺昌，结果被宋军击败。其后，金军退至河南。你挥师北上，接连收复了颍昌、怀宁、郑州等地，直抵开封。这年七月，岳家军在郾城大败金军，并乘胜进军朱仙镇。宋军节节取胜，你甚是喜悦，对部众说："直捣黄龙府，当与诸君痛饮！"

"怒发冲冠，凭栏处、潇潇雨歇"，是你。

"抬望眼，仰天长啸，壮怀激烈"，也是你。

靖康之变，是所有大宋子民的耻辱。你想要的，是北上中原。你想要的，是从头收拾旧山河，朝天阙。然而，你胸中的熊熊大火，突然间被扑灭了。

在宋军先锋抵达朱仙镇后，你在一日之内收到十二道金字牌，被诏命班师回朝。一身忠肝义胆的你，知道圣命不可违，只得下令班师。十年之功，毁于一旦，你无比难过。在你赶回临安之时，河南大片土地又为金军所占。闻讯后，你仰天长叹："所得诸郡，一旦都休！社稷江山，难以中兴！乾坤世界，无由再复！"

鹏举，你说得没错，乾坤世界，无由再复。

此后百余年，大宋王朝只配得上苟延残喘四字。

尽管如此，大宋君臣还是不忘歌舞升平。

回到临安，你甚是平静。你心里清楚，此后再想收复中原已然无望。你数次请求朝廷解除兵权。那时的你，对苟且求和的朝廷失望至极，只想隐退山野，不再过问朝廷之事。但朝廷却不许你解甲归田。

那年，本有望一举收复中原的大宋王朝，与金人签订了《绍兴和议》，向金国称臣。而金人答应和谈的一个重要条件，就是宋朝必须杀你。于是，战功卓著的你，在十二月二十九日被害于大理寺狱中。天日昭昭，是你对这世界说的最后一句话。面对苟安的朝廷，和那个莫须有的罪名，你恐怕难以合眼。

你一生洁身自好，却死得不清不楚。吴玠曾送你一个女子，希望你纳为妾室。但你将那女子退了回去，你说国耻未雪，岂能贪图享乐。你曾说，文官不爱财，武官不惜命，天下便可太平。可惜，大宋王朝缺少这样的臣子。

八百多年后，读你的《满江红》，仍会热血沸腾。

在我心里，你仍是跃马关山的模样。

【人物简介】

岳飞（1103—1142），字鹏举，南宋抗金名将。力主北伐、收复山河。前后四次从军，其所率岳家军让金军闻风丧胆。绍兴十年（1140），挥师北伐，在大军节节胜利的时候，被朝廷召回，最后以莫须有的罪名被害。有《满江红》等词作留世。

朱淑真

那个不曾老去的女子

【清平乐】

满怀凄切，欹枕闻鶗鴂。
人对青山成一阕，砌下落梅如雪。
花开独立无言，忆来往事如烟。
小字红笺难寄，西风吹老华年。

淑真：

关于你的人生，世人只能猜测。

你来去悄然，像一场花事，终了无声。

但我在你的诗词里，找到了那个温婉的你。每每读你的诗词，总能在那些凄凉的词句里看到你身影。你就在那里，于落花时惆怅，于秋风四起时独自徘徊。似乎，你总是一个人，心事少有人知。

但其实，你是个有故事的人。

只是，几经聚散离合，你终于形单影只。

你生于杭州的诗书之家，家境优渥。你天生灵秀聪颖，年少时便喜读诗书，也喜欢学习书画和音律。你在江南的云水之间度过了无忧无虑的童年。不知不觉间，你已长成了旎婳娉婷的女子，独坐西湖之畔，似一幅画。

在我的印象中，你是从江南雨巷走出的，撑一把油纸伞，走在烟雨之中，幽雅而淡然。江南烟雨，赋予了你清婉和灵动，也赋予了你深埋心底的忧伤。

豆蔻年华的你，依旧过着衣食无忧的生活。你喜欢读书作画，也喜欢抚琴听雨。初夏时节，你也会去往湖上采莲。扁舟一叶，来去飘然。那时候，你是天真明媚的少女。事实上，直到生命最后，你仍旧天真如初。

你喜欢填词写诗。一场雨，一轮月，一片云，都能勾起你吟诗作赋的兴致。那时的你，笔下尽是清朗和悠闲。比如那首《忆秦娥》："弯弯曲，新年新月钩寒玉。钩寒玉，凤鞋儿小，翠眉儿蹙。闹蛾雪柳添妆束，烛龙火树争驰逐。争驰逐，元宵三五，不如初六。"

淑真，如果可以，我多希望你的年华始终停留在那个夏日。那时候，荷风送香气，竹露滴清响；那时候，清风明月无人管，并作南楼一味凉。而你的笔下，也满是闲情，比如："微凉待月画楼西，风递荷香拂面吹。先自桂堂无暑气，那堪人唱雪堂词。"

情窦初开的你，蓦然开始了那场初恋。

天生丽质的你，白衣胜雪的他，相遇在灯火阑珊处。

相遇的时候，一切都太美。

那时候，月上柳梢头，人约黄昏后。你们在月色下尽情欢笑。你们曾相约同行陌上，也曾携手泛舟湖上。如果可以，你愿意与他结伴红尘，不离不弃。可是后来，他随着家人离开了杭州，你们从此天涯相隔。

青春时节的爱情，像一场烟雨。

在你的心里，那场雨淅淅沥沥，下了很多年。

但你知道，一切都已成了往事。

同样的春天，曾经花开如锦、微雨燕双飞。离别之后，所有的物事都只能掀起愁绪。那人去后，莺燕低语也像是在嘲笑人孤独，你说："莺莺燕燕休相笑，试与单栖各自知。"

相思这件事，于深情之人，都是苦涩的。相思在心，春天的百花，秋天的明月，都不能让你心动。那时候，对你来说，春天是"人怜花似旧，花不知人瘦。独自倚阑干，夜深花正寒"，秋天是"山亭水榭秋方半，凤帏寂寞无人伴。愁闷一番新，双蛾只旧颦"。所有的日子，你都是百无聊赖。

数年过去了，相思如旧，离愁越来越深。最初，你说“危楼十二栏干曲，一曲栏干一曲愁”；后来，你说“万景入帘吹不卷，一般心作百般愁”；再后来，你说“鸣窗更听芭蕉雨，一叶中藏万斛愁”。入骨相思，无人知晓。

漫长的等待后，你终于明白重逢无期。你开始期待，那个命中注定的人来到你的身边，共你锦瑟华年。你想要的，是一个才情不凡、温文尔雅的男子，比如风流俊逸的司马相如，比如泪湿青衫的白居易，比如深情款款的苏东坡。你羡慕卓文君，得一心人，白首不离；你羡慕李清照，得遇良人，赌书泼茶。

然而，上天最喜欢捉弄世人。父母给你寻找的丈夫，是一个庸俗不堪的市侩小吏。莫说琴瑟和鸣、诗酒唱和，你们连相敬如宾都不曾有。你喜欢吟风弄月、弹琴作画，而他喜欢徘徊市井、斗鸡走狗。

你的情思，他全然不懂，也不屑懂。在他看来，一个女子只应相夫教子，不该纵情于诗词书画。你喜欢的事情，在他眼中都索然无味。日子久了，你的生活渐渐黯淡，却也只能写诗抱怨，你说“鸥鹭鸳鸯作一池，须知羽翼不相宜”，你说“吟笺谩有千篇苦，心事全无一点通”。

更让你无法忍受的是，丈夫经常出入于勾栏瓦舍，有时还将青楼女子带回家中。那日，他醉醺醺地回到家里，你埋怨了几句，他竟动手打了你。你对这场婚姻彻底绝望。终于，你们做了个了断，不再有瓜葛。

结束了一场婚姻，你仿佛从噩梦中走出。

许是一个春天，你的眼中仍是山水明丽、春和景明。

此时的你，仍是那个天真明媚的女子。

烟雨朦胧的江南，你仍期待着一场爱情。几番寻寻觅觅，那人终于到来。他是你幻想中的模样，文采飞扬，潇洒飘逸。或许，是某个巷口，蓦然回首，看见了彼此；或许，是某个黄昏，他从远方赶来，风尘仆仆。初见，你们相坐倾谈，甚是欢喜。不久后，你们就住到了彼此心里。

那日，梅雨之中，你们携手湖畔。行至僻静处，你们坐下来喁喁私语。情到深处，你倒在了他的怀里。那日，你写了首《清平乐》："恼烟撩露，留我须臾住。携手藕花湖上路，一霎黄梅细雨。娇痴不怕人猜，和衣睡倒人怀。最是分携时候，归来懒傍妆台。"

如此旖旎的词句，定会让那些封建卫道士口诛笔伐。但你不屑于世人褒贬。我知道，你的天真里，还有几分孤傲和倔强。你为人处世，只愿随自己的心意。你说："新欢入手愁忙里，旧事惊心忆梦中。但愿暂成人缱绻，不妨常任月朦胧。"身处爱情之中，你只要缠绵缱绻，不管他人如何评说。

淑真，我多希望，在你有生之年，这段故事不会结束。若能如此，也算得上一份完满。然而，不知何故，你们最终还是分开了。或许，并非他薄情，只是造化弄人罢了。

离别后，你悲伤地回到家里。父母觉得你的行为有伤风化，将你的诗词付之一炬。你写诗说："女子弄文诚可罪，那堪咏月更吟风。磨穿铁砚非吾事，绣折金针却有功。"看似是妥协，实则是满心愤慨。

人们说，女子无才便是德，这话你甚是鄙夷。身在尘世，你就是要做个诗情画意的女子。幸运的是，后来有人将你仅存的诗词收集起来，编辑成了《断肠集》，人们才有幸得见你的才情。

与心爱之人离别后，你的日子只剩凄凉。笔下的诗词，也尽是西风落日的模样。你说：“好是风和日暖。输与莺莺燕燕。满院落花帘不卷。断肠芳草远。”你说：“独行独坐，独唱独酬还独卧。伫立伤神，无奈轻寒著摸人。”你说：“绿满山川闻杜宇。便做无情，莫也愁人苦。把酒送春春不语。黄昏却下潇潇雨。”

此时的相思，已是断肠滋味。你总会想起那人，却苦恨人远天涯近。某日，你在梦里见到了他，你们携手云下、谈笑花间。醒来后，惆怅万分，你写了首《江城子》，你说“芳草断烟南浦路，和别泪，看青山”，你说“争奈醒来，愁恨又依然。展转衾裯空懊恼，天易见，见伊难”，终是，一场消黯，永日无言。

最后，在无限落寞之中，你悄然离世。离开时，你定会忆起情窦初开时的那段往事，你也定会忆起后来伴你一程的那个男子。可惜的是，他们都未能和你走到最后。离开的时候，你一身孑然，孤苦伶仃。

但是，天真的你，仍在盼着那良人归来。

从始至终，你都是那个天真的女子。

多希望，岁月能对你温柔一些。

【人物简介】

朱淑真，生卒年不详，号幽栖居士。南宋女词人，与李清照齐名。清代词评家陈廷焯曾说：“朱淑真词，风致之佳，情词之妙，真不亚于易安。”她天生聪慧，工于诗词，也擅长绘画，遇人不淑，郁郁而终。有《断肠词》《断肠诗集》留世。

陆游

一曲钗头凤，
半世伤心人

【江城子·寄放翁】

沈园重至泪如泉，倚阑干，忆前缘。
拄杖临风，惆怅过残年。
往事算来非是梦，烟雨里、有清欢。
浮沉魏阙水云间，又开筵，舞翩跹。
仗剑红尘，无力补青天。
独立山河常探问，谁可去、破楼兰。

放翁：

你喜欢填词写诗，存世诗词逾万首。

但我想，最重要的，是你写给她的那几首。

那个叫唐婉的女子，是你一生的烟雨旧梦，亦是你一生的伤口。那场倾城的爱情，你每次忆起，总会黯然神伤。你不断苍老，而她在你心里，始终是风姿绰约的模样。

八十五岁那年春天，你步履蹒跚地来到沈园。于你，沈园是一场遥远而又绮丽的梦。你喜欢进入这梦里，寻那女子的芳踪。但每次来此，你都会怅然。许多年前，你曾与她携手，来这里看花开如锦。美人已逝，物是人非，你只能写诗凭吊那场往事。这次，你写了首《春游》：“沈家园里花如锦，半是当年识放翁。也信美人终作土，不堪幽梦太匆匆。”

八十六岁，你默然离世。离世前，你写了首《示儿》：“死去元知万事空，但悲不见九州同。王师北定中原日，家祭无忘告乃翁。”你的一生有两个遗憾，一是中原未能平定，二是未能与那女子共度余生。

你的许多词句，我都百读不厌，比如：“山重水复疑无路，柳暗花明又一村。箫鼓追随春社近，衣冠简朴古风存。”比如：“小楼一夜听春雨，深巷明朝卖杏花。矮纸斜行闲作草，晴窗细乳戏分茶。”比如：“无意苦争春，一任群芳妒。零落成泥碾作尘，只有香如故。”但我知道，你并不满足于做个吟风弄月的诗人。你最想做的，是收复河山。

你出生的那年，金人大举南侵。两年后，宋徽宗和宋钦宗二帝以及数千王公朝臣、后宫佳丽被掳走。大宋王朝被迫南渡，后来定都临安。此后，整个王朝偏安一隅，遥望北方的大片土地，只能徒叹奈何。

你十七岁那年，岳武穆被害。他在北伐的战争中节节胜利，那是大宋王朝最接近收复河山的一次。然而，他却被朝廷召回并杀害。此后，所谓北伐，就成了一句空话。你一生平定中原的夙愿，注定落空。大宋朝臣大都主张与金人和平共处，至于国破家亡的耻辱，他们或许并未忘记，但他们已被金人吓破了胆。事实上，多年以后，他们已习惯了江南云水间的温软日子，还在西湖之畔营造出了歌舞升平的景象。

你天资聪颖，十二岁便能吟诗作赋。随着年岁增长，你懂得了家国破碎、百姓流离的悲伤。所以，你立志收复山河，让大宋王朝金瓯重圆。但是，多年后你终于明白，在南宋君臣习惯了苟且偷安之后，所有以北伐为志向的人都注定壮志难酬。

二十岁那年，你娶了青梅竹马的表妹唐婉为妻。她是个清丽脱俗的女子，喜欢诗书，也喜欢音律。婚后，你们过着琴书相酬、诗酒流连的清雅日子。但是，你母亲对你期望甚高，不愿看你沉湎于儿女私情。最后，专横的她强迫你休了表妹，还为你另娶了一位姓王的女子为妻。处在那个时代，素来孝顺的你无可奈何。但是，即使是给了表妹一纸休书，又另娶别人，你的心里仍然只有表妹一人。

她似一颗红痣，长在你心口。

岁月再无情，也无法将这份情带走。

可惜，那一生，你们有缘无分。

与表妹分开后，你虽然无比悲伤，但还是开始埋头苦读。二十七岁那年，你去往临安参加“锁厅试”，一举夺魁。然而，同科第二名碰巧是宰相秦桧的孙子秦埙，秦桧甚是愤怒。结果，第二年参加礼部会试，秦桧命令主考官不得录取你。其后，你落寞地回到故里。那时候，你总是借酒浇愁。偶尔，你也会外出游山玩水、探古寻幽。

三十一岁那年的某个春日，你带着悒郁的心情独自漫步于沈园。没想到，你竟然与阔别多年的表妹邂逅。此时的唐婉，已嫁给了赵士程。四目相对，恍如梦里。寒暄数语后，她回到了赵士程的身边。你立在原地，在往事与现实之间徘徊许久。

后来，你恍惚地走到他们的附近，见他们相对而坐，浅斟慢饮。你看得出，表妹眉波紧蹙，若有所思。感慨之余，你在沈园的墙壁上题了那首《钗头凤》，你说：“东风恶，欢情薄。一怀愁绪，几年离索。”你说：“桃花落，闲池阁。山盟虽在，锦书难托。”

题词之后，你怅然而去。不久后，唐婉看到这首词，细读几遍，满心凄然。回到家里，她也写了首《钗头凤》，她说：“晓风干，泪痕残。欲笺心事，独语斜阑。”她说：“人成各，今非昨，病魂常似秋千索。”

尘世之间，你们是各自最美的风景。

可是，生活却让你们人各天涯，音书难寄。

对于生活的安排，我们都无计可施。

放翁，或许终我们一生，最爱的只能是一个人。你一生不曾忘记唐婉，她亦把你深藏在心底。赵士程对她呵护有加，但她还是悒郁成疾。在写了那首《钗头凤》后不久，她就因病离开了人世。

正是那年，秦桧病死，你进入了仕途。三十八岁那年，你被宋孝宗赐以进士出身，任命为枢密院编修官。次年，宋孝宗主持北伐，你大为激动，献策于张浚，建议作长远之计。然而，张浚贸然出兵，宋军于符离之战中溃败。此后，大宋朝臣更是不敢再有北伐之想。

你的仕途并不顺遂。你力主北伐中原，与许多朝臣意见相左，因此屡次被贬。你曾上书《平戎策》，却被否决；你曾投笔从戎，却没有跃马关山的机会。纵然你有补天之志，也终是难受重用。

壮志难酬，你只能仰天长叹。你说："胡未灭，鬓先秋，泪空流。此生谁料，心在天山，身老沧洲。"你说："楚虽三户能亡秦，岂有堂堂中国空无人！"每每遥望北方，你总会无比悲伤。你知道，那里的黎民百姓，在金人的铁蹄下过着悲惨的生活。

对于黎民，你始终心存慈悲；对于朝廷奸佞，你总是横眉冷对。我喜欢你的狂傲和倔强。五十二岁那年，主和派弹劾你狂放，你便自号放翁。六十五岁那年，因为谈论北伐之事，你被人弹劾，又被主和派大肆排挤，最终以"嘲咏风月"之名被罢官。为了表示抗议，你将自己的住所命名为"风月轩"。

那些年，仕途沉浮，你都一笑置之。你所寒心的，是朝廷习惯了苟延残喘，对主战派极力排挤。你临终的愿望，仍是王师北定中原。然而，真实的情况是，南宋不仅未能回归中原，还在你离世六十九年后为蒙古所灭。

那些年，无论身在何处，你始终惦念着一个名字。

唐婉，每每忆起这两个字，你总会心痛。

六十三岁那年，忆起往事，你写诗说："唤回四十三年梦，灯暗无人说断肠。"四年后，你重游沈园，看到多年前题于壁上的那首《钗头凤》，感慨之余，你写诗说：“坏壁醉题尘漠漠，断云幽梦事茫茫。年来妄念消除尽，回向蒲龛一炷香。”

七十五岁时，你在故乡山阴。那时候，唐婉已离世四十余年。独步沈园，黯然神伤，你写了两首《沈园》。你说：“城上斜阳画角哀，沈园非复旧池台。伤心桥下春波绿，曾是惊鸿照影来。”你说：“梦断香消四十年，沈园柳老不飞绵。此身行作稽山土，犹吊遗踪一泫然！”沈园已不是旧时模样，但那女子在你心里，仍是年华正好。

八十一岁，你再次来到沈园。我知道，沈园是你不敢去却又不得不去的地方。每次去，看到那面破败的墙壁，你总会忆起从前，然后泪眼模糊。这次，你又写了两首诗。你说：“城南小陌又逢春，只见梅花不见人。玉骨久成泉下土，墨痕犹锁壁间尘。”那时候，红颜早已离去，沈园的小径上只有一个满头华发的痴情诗人。

我知道，对你来说，沈园是一帘幽梦。

对于沈园，那场倾城的爱情，亦是一帘幽梦。

一场花落，半世伤心。你的深情，让我无比感动。

再会了，放翁！我愿如你，做个深情的人。

【人物简介】

陆游（1125—1210），字务观，号放翁，南宋爱国诗人。因主张北伐，仕途偃蹇。性情豪迈，诗词于豪放中有悲凉。刘克庄评价其词：“激昂慷慨者，稼轩不能过。”有《剑南诗稿》《渭南文集》《老学庵笔记》存世。

辛弃疾

从万里江山，
到灯火阑珊

【贺新郎·寄稼轩】

拄杖闻鹍鴂。叹人间、风流万古，杳如尘屑。快马轻裘长啸日，一剑千山飞雪。才应与、陈王同列。行尽红尘无别事，望中原、欲补苍天裂。伤心处，山河缺。

男儿到死心如铁。笑功名、是非成败，一灯明灭。青史算来应有恨，辜负丹心碧血。忆武穆，壮怀激烈。归去篱东闲种菊，弄扁舟、常与渔樵别。盟鸥鸟，吟风月。

稼轩：

你以为，你的一生该是戎马关山，留名青史。

然而，青史的确记住了你，却不是因为战功彪炳。

在许多人的印象中，你是个才华横溢的词人。但真实的你，文能提笔安天下，武能上马定乾坤。如果可以，你绝不愿意只做个词人。你想要的，是跃马关山，收复旧山河；你想要的，是醉卧沙场，杀敌报国。

长剑在手，笑傲天下，是你；仰天长啸，气贯长虹，是你。你的词，读来总让人热血澎湃。比如："醉里挑灯看剑，梦回吹角连营。"比如："想当年，金戈铁马，气吞万里如虎。"比如："道男儿到死心如铁。看试手，补天裂。"比如："唤起一天明月，照我满怀冰雪，浩荡百川流。鲸饮未吞海，剑气已横秋。"

你被陈廷焯称作词中之龙。刘克庄《辛稼轩集序》中评价你的词："大声鞺鞳，小声铿鍧，横绝六合，扫空万古，自有苍生以来所无。"吴衡照在《莲子居词话》说你的词："别开天地，横绝古今。"可你要的，不是这些身后的虚名。

你要的，是戎马关山，剑气纵横。

你始终有补天之志，可惜没有报国之门。

壮志难酬，是无数英雄的悲伤，自然也是你的悲伤。

六十八岁那年，你走完了自己的一生。临终前，你连呼几声"杀贼”。几十年前，老将宗泽在愤懑离世前，曾连呼数声“过河”。河山未复，你们都走得不甘。可也没办法，在被金人赶着四处逃窜数年后，大宋君臣已失去了气骨。他们渐渐爱上了南方的生活，和江南烟雨的温柔。就像林升那首《题临安邸》所写：“山外青山楼外楼，西湖歌舞几时休？暖风熏得游人醉，直把杭州作汴州。”

你出生的时候，大宋河山已经破碎十余年。在北方，你目睹黎民在金人统治下生如蝼蚁，被肆意蹂躏。少年时，你既读诗书，也学武艺。你立志收取河山，报家国之仇。

暮年，你定会时常想起年轻时的意气飞扬、壮怀激烈。你定会想起，二十三岁那年，你带领五十余人奇袭数万人的金人军营，生擒叛贼张安国。那时候，剑气如虹，旌旗拥万夫。只是，想起那些往事的时候，你已是满头华发。

那年，你南渡归宋，受到了宋高宗的嘉许。你以为，从此可以大展拳脚，实现收复山河的夙愿。但是，那时的你应该已经知道，二十年前，正准备率军北上、直捣黄龙府的岳武穆被十二道金字牌召回，最后被密谋杀害。你寄希望于其身的宋高宗，对北伐一事始终态度反复。事实上，你所经历的南宋天子，从高宗到宁宗，基本倾向于偏安。即使是最有抱负的宋孝宗，也是空有北伐愿望。

稼轩，在那个习惯了苟且偷安的王朝里，你的壮志注定无处落脚。你曾平定荆南茶商赖文正，也曾在湖南创建飞虎军，但这些事和你北定中原的愿望相去甚远。

二十四岁那年，在张浚筹备北伐之际，你前去拜见，并向他提出分兵杀虏之策。然而，张浚并未采取你的策略，而是渡河与金军正面作战。那场被叫作“隆兴北伐”的战争，以宋军溃败结束。其后不久，宋与金签订《隆兴和议》，大宋天子向金称侄，割让多地给金国。

此后，偏安之论甚嚣尘上。主张北伐的臣子，总会成为众矢之的。而你，从未放弃北伐的愿望。你曾将《美芹十论》《九议》等北伐策略献给朝廷，却都被束之高阁。作为归正人，你曾在江西、湖南、福建等地担任安抚使等职，并最终做到了龙图阁待制。但你的军事才能始终无处施展。

你性情耿介豪放，不喜逢迎，本就难以在官场立足。何况，彼时的大宋君臣，都在做着一场偏安的梦。小桥流水、烟柳画桥，让他们流连忘返。喜谈北伐的你，必定会被排挤和倾轧。所以，你几经贬谪，甚至一度被削去所有官爵，成为一介布衣。

幸好，你手中有笔，可以描摹风月。

你先是退居上饶带湖之畔，后又迁至瓢泉。

于你，箪食瓢饮陋巷，亦无不可。

稼轩，我欣赏那个一剑霜寒九州的你，也欣赏那个隐于林泉自得其乐的你。带湖之畔的你，只是个游山玩水、饮酒填词的文人，你见青山多妩媚，青山见你亦如是。

你说：“东冈更葺茅斋。好都把轩窗临水开。要小舟行钓，先应种柳；疏篱护竹，莫碍观梅。”你说：“废沼荒丘畴昔，明月清风此夜，人世几欢哀。东岸绿阴少，杨柳更须栽。”你说：“宁作我，岂其卿。人间走遍却归耕。一松一竹真朋友，山鸟山花好弟兄。”

那些年，你可以泛舟赏景，也可以盟鸥待月，日子在你笔下美得如画，比如：“茅檐低小，溪上青青草。醉里吴音相媚好，白发谁家翁媪？”比如：“明月别枝惊鹊，清风半夜鸣蝉。稻花香里说丰年，听取蛙声一片。”但我知道，你的悠然中藏着几分苦闷。

你欣赏陶渊明，喜欢他退隐田园的生活，但你希望在功成名就之后归隐。却将万字平戎策，换得东家种树书，这是你的无奈，甚至是悲伤。如果可以，你可以不要田园生活，而宁愿战死沙场。可是，那一生，你的夙愿终是落空了。

六十四岁那年，你被重新起用。六十五岁，你等来了那场迟来的北伐。那时候，登临北固亭，遥望故国，你仍是气壮山河的模样。你说："舞榭歌台，风流总被、雨打风吹去。"你说："凭谁问，廉颇老矣，尚能饭否？"

已至暮年，你仍想跃马疆场，收拾旧山河。然而，你之所以被起用，只是因为你属于主战派。不久后，你再度被贬，退隐瓢泉。在那场叫作"开禧北伐"的战争中，宋军和四十几年前一样，再度溃败。其后，宋室再度屈辱求和。

那时候，你已离世一年。

那个垂老的王朝，仍在云水间摇曳着瘦弱的身体。

离去之前，你或许会忆起那年与陈亮把酒倾谈的画面。那个冬天，他风尘仆仆地来到带湖，你们同游鹅湖，共饮瓢泉，甚是欢畅。十日后，陈亮作别而去，你觉得意犹未尽，又去追他，结果被一场大雪所阻，只得作罢。那晚，你独宿方村，在那首《贺新郎》里写道："剩水残山无态度，被疏梅、料理成风月。"大宋河山破碎，是你们共同的悲伤。

稼轩，你说"钟鼎山林都是梦，人间宠辱休惊"。我喜欢你的淡泊与纯粹，也喜欢你的疏狂与豪迈。你说："不恨古人吾不见，恨古人不见吾狂耳。知我者，二三子。"几千年岁月，文人墨客无数，配得上与你把酒言欢的，的确寥寥无几。

当然，狂放之余，你也是个幽默的文人。你的词里，有“昨夜松边醉倒，问松我醉何如？只疑松动要来扶，以手推松曰去”；有“西风梨枣山园，儿童偷把长竿。莫遣旁人惊去，老夫静处闲看”；还有“一棹归来，只做个、五湖范蠡。是则是、一般弄扁舟，争知道，他家有个西子”。

耿介狂放，幽默倔强，这便是你。六十一岁那年，老友朱熹去世。正值“庆元党禁”之时，朝廷禁止人们前往祭奠，朱熹的许多门生和故人都不敢前往。而你毅然前往吊唁，并且撰文说：“孰谓公死，凛凛犹生。”你不负朋友二字，亦不负风骨二字。

在无数瑟缩的身影中，倔强的你无比清晰。灯火阑珊处，遥望万里山河，你无限惆怅。孰谓公死，凛凛犹生，可惜你不能殒身于疆场。离开的时候，带着满心的失望。

隔着八百年，我仍能听到你的长叹。

稼轩，是那个时代配不上你。

【人物简介】

辛弃疾（1140—1207），字幼安，号稼轩。南宋将领，豪放派词人，世称“词中之龙”。与苏轼并称“苏辛”，又与李清照并称“济南二安”。因性情耿介孤傲，又坚持北伐，故而仕途坎坷。隐于林泉多年，饮酒填词度日。有《稼轩长短句》留世。

姜夔

谁教岁岁红莲夜，
两处沉吟各自知

【寄白石道人】

闲来湖上弄扁舟，明月一怀酒一瓯。
旧梦新诗常索寞，暗香疏影自风流。
茅庐白石应堪醉，肥水红颜不可留。
万丈红尘如过客，三生杜牧最多愁。

白石：

那年，二十二岁的你路过扬州。

战乱后的扬州，目之所及，尽是荒凉。

你在那首《扬州慢》中写道："杜郎俊赏，算而今，重到须惊。纵豆蔻词工，青楼梦好，难赋深情。二十四桥仍在，波心荡，冷月无声。念桥边红药，年年知为谁生。"作为江南名城，从前的扬州满目繁华，于杜牧是"十年一觉扬州梦"，于东坡是"试问江南诸伴侣，谁似我，醉扬州"。

而你眼中的扬州，却是破败不堪。

事实上，彼时的大宋河山，亦是如此。

河山破碎，少有人收拾。

悲伤之余，你忆起了三百多年前的杜牧。那时候，他在扬州，流连秦楼楚馆，过着放纵不羁的日子。他爱上的那个女子，春风十里总不如。后来，杜牧离开了扬州，那场爱情成了往事。你大概没料到，你的身上也会发生同样的故事。

你生于仕宦之家，自小随父亲生活。十四岁那年，父亲离世，你在已出嫁姐姐的资助下苦读诗书。读书之外，你也喜欢音律和书法。许是命运作弄，才华横溢的你，四次参加科考都名落孙山。后来，你断绝了参加科举的念头，布衣终身。

那些年，你辗转于扬州等地，始终没有栖身之所。那年，你来到了庐州。年少轻狂而又潇洒不羁的你，一如当年的杜牧，也喜欢流连于风月之地，寻找快意，亦寻找慰藉。不久后，你结识了一对青楼姐妹，并与其中之一一见倾情。

你风流潇洒，她妩媚多情，故事开始的时候，一切都美得像诗。那些日子，你们曾在灯火下把酒言欢，也曾在月色下喁喁私语。你喜欢为她填词，她喜欢为你抚琴。对你来说，她便是杜牧笔下那春风十里难与之比拟的女子。那时候，才子佳人羡煞旁人。

只是，风尘中的故事总会突然结束。

后来，你离开了庐州。所有的缱绻都成了往事。

但那入骨的相思，缠了你半世。

白石，你有八十余首词作传世，其中竟有二十二首为那女子而写。只是，深情如你，无法让那故事完满，只能任自己被思念煎熬。深情之人，注定要为情所伤。所以人们说，多情不似无情苦。

三十二岁那年，你结识了肖德藻，因为意气相投，很快便成了无话不谈的朋友。许多日子，你们闲赏云山，醉吟风月，极是快意。对你来说，与两三知己，或行走于山水之间，或小酌于炉火之旁，皆是人生快事。

肖德藻对你的才情甚是赏识，于是将其侄女许配给了你。尽管有了妻子，但此后多年，你始终对庐州那个心爱的女子念念不忘。次年冬，肖德藻调任湖州，你随之前往。

三十四岁那年正月，在前往湖州的途中，你们泊舟于金陵。那夜，你梦见了被你视为白月光的那个女子，作了首《踏莎行》。你在词中写道："别后书辞，别时针线，离魂暗逐郎行远。淮南皓月冷千山，冥冥归去无人管。"

各自天涯，音书难递，最让人销魂。

梦里的画面越是温暖，梦外的情境就越是凄凉。

走出梦境，你们仍旧隔着重重山水。

那夜，月色如水。或许，远方的那个她也是对月无言。但你们，终究只能同对月，无法共诗酒。

次日，舟行波上，你遥望庐州。那是你梦里常去的地方。相思再起，你又作了首《杏花天影》。你说："又将愁眼与春风，待去，倚兰桡、更少驻。"你说："绿丝低拂鸳鸯浦。想桃叶、当时唤渡。"你说："满汀芳草不成归，日暮，更移舟、向甚处。"

八百年前，王献之曾在秦淮河畔迎接爱妾桃叶，作有《桃叶歌》。而你面前，只有滔滔江水。那梦中的红颜，无法从彼岸赶来，赴你江上之约。你的心事无处诉说，只能默默地写在词里。

此后十余年，你寓居湖州。肖德藻对你照拂有加，还带你结识文坛前辈。通过他，你认识了比你年长二十七岁的杨万里。他对你的诗词赞赏有加，称赞你为文无所不工。其后，经杨万里介绍，你又结识了比你年长二十八岁的范成大。范成大曾官居参知政事，彼时辞官退隐苏州。他称赞你有魏晋风度。有这两位前辈的提携，你声名大噪，就连辛弃疾也为你的才华折服，与你以词唱和。

三十八岁那年冬天，你再次前往苏州拜见范成大。飞雪的日子，你们围炉对酒、踏雪寻梅。范成大向你索要咏梅诗词，你填了《暗香》《疏影》两首词。填完后，范成大让侍妾歌唱。临别，他以侍妾小红相赠。返回的途中，仍是飞雪连天，你作了十首七绝。其中有一首《过垂虹》："自作新词韵最娇，小红低唱我吹箫。曲终过尽松陵路，回首烟波十四桥。"

或许，那日的雪中，你也曾忆起深埋心底的那个女子。两年前的那个春日，你于湖上闲游，见画船中一歌女酷似你一生所恋那人，作了首《琵琶仙》。你在词中写道："歌扇轻约飞花，蛾眉正奇绝。春渐远、汀洲自绿，更添了几声啼鴂。十里扬州，三生杜牧，前事休说。"

一别便是音信渺茫，杜牧如此，你亦如此。

只是，故事开始的时候，谁也不知此后会如何。

世间一切，终不过一个缘字。聚散皆是。

四十岁那年，你结识了志趣相投的张鉴。几年后，你移居杭州，经常出入于张府，又结识了张鉴族兄张镃。其后，你终老于杭州。

四十四岁，你向朝廷进献《大乐议》和《琴瑟考古图》，被朝廷无视。两年后，你又进献《圣宋铙歌鼓吹十二章》，朝廷许你破格参加进士考试。可惜，你仍旧未能得中。晚年的你，在知己张鉴离世后，日子甚是萧索，时常靠朋友接济度日。

五十一岁那年，杭州发生火灾，数千房舍被烧毁，你的住处也未能幸免。对本就落魄的你来说，这无疑是雪上加霜。尽管如此，你仍在填词写诗。你说："老去无心听管弦，病来杯酒不相便。人生难得秋前雨，乞我虚堂自在眠。"

六十八岁，你在贫苦中凄然离世。朋友们念及旧情，合力将你葬在钱塘门外西马塍。终身布衣，但你风骨凛然，始终傲岸孤清。张鉴曾想为你买官，但你不屑于此。红尘万丈，你来得寂静，去得清白。

白石，贫困潦倒之时，你仍旧不忘相思。

你是个长情的人，满头华发的时候，仍不忘旧日情人。

可你，仍只能将思念诉诸笔墨。

你说，一春幽事有谁知；你说，相思血，都沁绿筠枝。那年元宵节，万家灯火之中，你独自思念着那个女子。那夜，你又梦见了她。梦里仍是柔情缱绻，醒来后却是春寒料峭。你作了首《鹧鸪天》：“肥水东流无尽期，当初不合种相思。梦中未比丹青见，暗里忽惊山鸟啼。春未绿，鬓先丝，人间别久不成悲。谁教岁岁红莲夜，两处沉吟各自知。”两处沉吟各自知，你们是彼此的天涯。

白石，你天赋异禀，于诗词散文、音律书法，无所不精。然而，岁月给你的，却是一段多舛的人生。你接受了命运的安排，在诗酒风月中活出了独属于你的精彩。风流纵逸，卓然不群，这便是你。为一场相逢纪念一生，也是你。

明白了世事无常，你选择与生活握手言和。

只是，生活对你，终是太凉薄。

【人物简介】

姜夔（1154—1221），字尧章，号白石道人。南宋婉约派词人，工于诗词，精通音律，擅长书法。屡试不第，终身布衣，辗转于江南各地。性情孤傲，卓然不群。暮年居杭州，清贫寥落。有《白石道人诗集》《白石道人歌曲》等传世。浙西词派视其为宋词第一人，称之为“词中老杜”。

文天祥

一个王朝最后的脊梁

【点绛唇】

独立斜阳，山河望断无豪杰。
残灯明灭，长夜闻鹍鴂。
国破家亡，此恨谁人雪？空悲切。
此心如铁，遥望江南月。

文山：

四十七岁，你被杀于柴市。

那个冬天，南宋王朝彻底灰飞烟灭。

那是个寻常的日子，本该飞雪连天，却是日光倾城。你被押上刑场，始终面沉似水。那日，上万人去刑场为你送行。临刑前，你对吏卒说："吾事已毕，心无怍矣。"然后，你写下了一首绝命诗，那是你人生中最后一首诗。

你说："天地不容兴社稷，邦家无主失忠良。神归嵩岳风雷变，气吐烟云草树荒。"你说："天荒地老英雄丧，国破家亡事业休。惟有一腔忠烈气，碧空常共暮云愁。"写完诗，你面南而跪，从容赴死。为家国天下而死，你死得其所、正气凛然。

在你的衣服中，人们发现了你写的《衣带赞》："孔曰成仁，孟曰取义。唯其义尽，所以仁至。读圣贤书，所学何事？而今而后，庶几无愧。"仰不愧于天，俯不怍于地，你虽离世，但留下一身正气在人间，虽死犹生。

人们说，你气宇非凡，目光如炬；人们说，你天资聪颖，少有才名。少年时期，看到学宫中欧阳修等贤达的画像，你便发誓要做他们那样的人。

二十一岁，你参加科举，中了状元，从此走入了仕途。只是，此时的南宋早已是风雨飘摇。在江南苟延残喘百余年后，所谓的万里河山只剩一个苍老的躯壳，可谓内无贤臣，外无良将。尽管如此，朝廷中仍有贾似道等奸佞之臣兴风作浪。清正耿直的你，不断受到排挤。三十七岁那年，你在起草诏书时讽刺贾似道，被其党羽弹劾，你请求致仕。

其实，你最忧心的并非朝廷中的纷争，而是在南宋日渐衰败的时候，北方的蒙古却日渐强盛。百年前，辛弃疾在给朝廷的奏疏中曾说，金国六十年必亡，在此之后，南宋王朝将面临更大的危机。他所言之更大的危机，就来自蒙古。历史的走向和他的预言几乎一致，在你出生前两年，金国在南宋和蒙古的夹击下灭亡。

成吉思汗曾说，要让有青天覆盖的地方都做蒙古人的牧场。那些年，蒙古人一直在为了这个目标而东征西讨。忽必烈继承汗位后，定国号为大元。如其祖父，忽必烈也有着并吞天下的雄心。于是，偏安的南宋成了他最大的目标。

那些年，你先后出任荆南提点刑狱、赣州知州、尚书左司郎等职，因为权臣排挤，你不断迁官。你三十九岁那年，忽必烈派二十万元军大举侵宋，直指临安。彼时，度宗驾崩，年仅四岁的赵㬎即位，即恭帝。元军南下，势如破竹，大宋朝廷命各地兵马勤王。时为赣州知州的你，散尽家财充作军费，招募兵马向临安进发。

抵达临安后，你被任命为平江府知府。临行前，你向朝廷提出了合并天下为四镇、设都督为统帅等抗元策略，却未被采纳。到任平江知府后，元军进攻常州，你受命前往救援。在常州，淮将张全作壁上观，致使数百义军几乎全军覆没。随后，你又奉命率领义军驰援独松关。然而，江西义军虽浴血奋战，仍未能抵挡元军。

文山，你原本只是个文弱的书生。

但是，在家国存亡之际，你气贯长虹。

可惜，南宋积弱太久，无力抵挡如日中天的元军。

四十一岁，你返回临安，却只见文武大臣纷纷出逃，作鸟兽散。不得已，执政的谢太后只能选择投降。元将伯颜要求宋朝派丞相前往商谈。没想到，丞相陈宜中惧死而逃。你被任命为右丞相兼枢密使前去议和。议和过程中，你临危不惧，痛斥伯颜，结果被其扣留。所幸，在被押北上的途中，你伺机逃脱。

其后，元军四处宣称你已投降，所以宋人对你多有戒备。艰难辗转数月，你终于抵达温州。然而，此时朝廷已投降，恭帝被押去了大都。年仅七岁的赵昰被陆秀夫等人拥立为帝，即宋端宗。你奉诏前往福州，在南剑州建立督府，指挥各路兵马抗元。

其后，你在东南联络义军抗元，在雩都大败元军后，又进攻赣州，收复了不少失地。四十三岁那年春末，你被封为信国公。彼时，端宗已病故，七岁的赵昺被拥立为帝。南宋王朝退至海上，只剩弹丸之地。

这年夏，你的母亲和唯一的儿子不幸病故。同年冬天，你在五坡岭遭到元军突袭，兵败被俘。你曾吞食龙脑自杀，侥幸未死。早已降元的张弘范前来劝降，你严词拒绝。不久后，你写了那首《过零丁洋》：“辛苦遭逢起一经，干戈寥落四周星。山河破碎风飘絮，身世浮沉雨打萍。惶恐滩头说惶恐，零丁洋里叹零丁。人生自古谁无死，留取丹心照汗青。”

人生自古谁无死，留取丹心照汗青。

文山，我知道，这就是你给红尘世界的答复。

活着，就要活出气度，活出尊严。

在你被俘的第二年，宋军在崖山海战中战败。陆秀夫抱着八岁的小皇帝，和一个气若游丝的王朝，沉入了海底。数万军民投海殉国。此后三年，你作为大宋河山最后的脊梁，支撑着王朝最后的尊严。

你很清楚，千秋霸业，万代皇图，都不过是浮华春梦。宋室江山存在三百多年，早已是行将就木，覆亡是必然的事。你说“山河千古在，城郭一时非”，你说“今古兴亡真过影，乾坤俯仰一虚舟”，你还说“风雨天涯芳草梦，江山如此故都何”。

人生于世，最重要的是正气二字。如你在《正气歌》中所写，“天地有正气，杂然赋流形”。你知道，作为臣子，纵然要死，也要死得其所，死得不留遗憾。

你说：“臣心一片磁针石，不指南方不肯休。”被俘之后，你只愿为国尽忠。元朝宰相孛罗开堂审问，你在枢密院傲然挺立，坚持不跪。孛罗问你有何话说，你说江山更迭是常事，你为国尽忠，只求早死。其后，忽必烈派降元的原宋朝左丞相留梦炎做说客，留梦炎被你痛斥无耻。忽必烈又派恭帝前来劝降，你跪向他，老泪纵横，只说了句“圣上请回”。其后，你在元大都被囚禁了三年。

在狱中，元朝廷曾让你女儿柳娘写信给你，暗示你投降。你知道，妻子和两个女儿都在元朝宫中为奴，虽然心如刀绞，但你只愿为气节而死。不是你无情，而是你深知，人该为何而生，为何而死。

文山，七百多年后，读你的诗，我总会忍不住热泪盈眶。你说：“山河风景元无异，城郭人民半已非。”你说：“从今别却江南路，化作啼鹃带血归。”你说：“千年成败俱尘土，消得人间说丈夫。”你说：“睨柱吞嬴，回旗走懿，千古冲冠发。伴人无寐，秦淮应是孤月。”你熟读经史，自然知道成败兴亡本是世间常事。但是，亲眼看着王朝覆灭、山河岁月化为尘土，你的悲伤可想而知。

尽管如此，你始终是一身正气。镜里朱颜都变尽，只有丹心难灭，这就是你。狱中三年，你始终在写诗填词，怀念故国。你在悲伤里身影憔悴，却拒绝了所有的高官厚禄，最终被忽必烈下令处死。你一片丹心，可照青史万年。

四十七年，于岁月只是刹那。

但是，无言的青史为你续上了后面的时光。

你清白忠正，配得上青史的惦念。

【人物简介】

文天祥（1236—1283），字履善，号文山、浮休道人。南宋末年诗人、抗元英雄，与张世杰、陆秀夫并称“宋末三杰”。二十一岁考中状元，仕途颠簸，几度浮沉。元军攻宋，坚持抗元数年，后被俘，在狱中三年，宁死不屈。四十七岁被杀于柴市。有《文山先生全集》传世。

唐寅

世人笑我太疯癫，
我笑世人看不穿

【清平乐】

红尘缥缈，把酒还长啸。
明月随人归野棹，爱与青山谈笑。
世人笑我疯癫，花间常自酣眠。
莫道此生寥落，醉来应比云闲。

伯虎：

认识你，是在一段风流轶事里。

故事里，你是翩翩佳公子，风流不羁，潇洒飘逸。

那是一段叫作“唐伯虎点秋香”的故事。你在苏州，某日与祝枝山等人闲逛，偶遇华府婢女秋香。那日，她嫣然而笑三次，被你视作三笑留情。于是，妻妾成群的你设计混入了华府，先做奴仆，后为书童。后来，你数次解救华府，最终在一场叫作“点秋香”的游戏后，如愿抱得美人归。

可惜，故事终究只是故事。秋香其人，虽与你同处明朝中叶，但与你并无瓜葛。她本是青楼女子，琴棋书画无所不精。据《金陵琐事》记载，她曾向你的绘画老师沈周学画。据说，沈周曾为她画了一幅画，还以一首《临江仙》相赠，他在词中写道：“舞韵歌声都折起，丹青留下芳名。”

据说，秋香才华横溢，人们将她与唐代的薛涛相提并论。你的好友祝允明曾见过她画的扇面，还题了首诗：“晃玉摇金小扇图，五云楼阁女仙居。行间看过秋香字，知是成都薛校书。”或许是因为她出自青楼，而你又生性不羁，喜欢流连于烟花柳巷，后来的人们便将你们放在一起，还杜撰出一段风流韵事。

不管怎样，印象中的你，总是风流飘逸的。

你自负江南第一才子之名，放纵不羁，玩世不恭。

很多人以为，你的人生是潇洒快意的。

但是伯虎，我知道，你人生多舛，晚景更是凄凉。五十四岁那年，你在贫困中走完了自己的一生，凄然离世。临终前，你写诗说："生在阳间有散场，死归地府又何妨。阳间地府俱相似，只当漂流在异乡。"原本，世间的你我，皆是过客。兜兜转转，走走停停，最终都会离开这花花世界。

你出生于苏州。人们说，你生于寅年寅月寅日寅时，所以父母为你取名唐寅。后来我才知道，这只是讹传，你只是生于庚寅年而已。那时候，你父亲经营一家酒馆，少时的你衣食无忧。

你天生聪颖，记忆力超群，据说读书过目不忘。读书的同时，你也学习音律和绘画。后来，经名师点拨，你进步神速，终于成了诗词书画无所不精的才子。

印象中，你总是白衣才子的模样。裘马轻狂的年岁，你结识了祝允明和文徵明等好友。你喜欢和他们同行陌上，玩月看花；你喜欢和他们泛舟湖上，观山听雨。自然地，作为江南才子，你也喜欢与他们流连于风月之地。年轻时的你，如唐代的杜牧和宋代的柳永，喜欢带着诗意满怀的自己前往烟花巷陌，寻找几分醉意。

十九岁那年，你娶了徐氏为妻，日子倒也明朗安逸。徐氏出自书香门第，对琴棋书画甚是稔熟。你们度过了一段如花美眷、似水流年的岁月。或许，夜月之下，你们也曾说过天荒地老。

然而，岁月却突然下笔，为你写了一段悲伤的人生。本来明媚的生活，突然风雨凄凄。二十五岁那年，你的父亲离世。然而，这只是你悲剧人生的开始。其后一年内，你的母亲、妻子、儿子和妹妹相继离世。

至亲不断离开，你肝肠寸断，白发丛生。你在《白发》一诗中写道："清朝揽明镜，玄首有华丝。怆然百感兴，雨泣忽成悲。忧思固逾度，荣卫岂及衰。夭寿不疑天，功名须壮时。"对你来说，那两年是漫长的冬天，从未见花开陌上。

东坡说，人有悲欢离合，月有阴晴圆缺。

生于尘世，我们注定要面对离合变幻、世事无常。

我们无法战胜生活，只能与之握手言和。

意志消沉之时，好友祝允明鼓励你苦读诗书，参加科举，以图有个光明的前程。那时的你，是有用世之心的。你想过科考登第，以自己之才造福于家国天下。

二十八岁，你在参加录科考试期间醉卧青楼，提学御史方志对你的放浪形骸甚是鄙夷，于是将你除名。所幸，文徵明的父亲文林等人为你求情，你才被允许参加乡试。次年，在应天府乡试中，你深受主考官梁储赏识，一举夺魁，成为解元。

从此，人们都喜欢叫你唐解元。自然，那是因为你的功名到此为止。考取解元后，你写了首《领解元后谢主司》，你说："壮心未肯逐樵渔，秦运咸思备扫除。"你说："三策举场非古赋，上天何以得吹嘘。"那时候，你颇感志得意满，更是放纵不羁，日日买醉于风月之乡。

这样的你，让朋友们担心不已，于是他们纷纷对你进行规劝。祝允明说，千里马不能只看其表面，还要观其品性，提醒你不该得意忘形。文徵明写信给你说，为人轻浮放纵，恐难有成就。但那时的你，自负狂傲，漠视朋友的好言规劝。你在写给文徵明的信中说，你天性狂放不羁，若是不喜你的行为，可以与你断绝往来，言辞甚是尖锐。

三十岁那年，你入京参加会试，志在必得。那年会试，主考官为程敏政和李东阳。三场考试结束后，徐经贿赂考官的流言甚嚣尘上，主考官程敏政被弹劾泄题给徐经。结果，徐经入狱，你也因卷入科场舞弊案而身陷囹圄。明孝宗命李东阳复审，结果发现，你和徐经都不在录取名单之中。

真实的情况是，徐经谒见程敏政时的确曾送礼。而你，曾以金币向程敏政求文，打算送给乡试座主梁储。最终，你和徐经被除去仕籍，贬为小吏。程敏政三个月后忧愤而死。徐经发奋读书，却未能再踏入科场，三十五岁郁郁而终。

而你，经此一事，对仕途失去了兴致。你回到了苏州，续弦的妻子弃你而去，你过起了放纵不羁的生活。你喜欢山水，时常游走于山水之间，也喜欢醉卧秦楼楚馆。后来，生活困顿，你便以卖画为生。饮酒写诗作画，看似清闲的日子，却有着少有人知的愤懑。如你诗中所写："难将心事和人说，说与青天明月知。"

三十八岁那年，你筑了桃花庵别业，诗酒度日。你写了首《桃花庵歌》，狂放与闲适中藏着寥落。你在诗中写道："桃花坞里桃花庵，桃花庵里桃花仙。桃花仙人种桃树，又摘桃花换酒钱。酒醒只在花前坐，酒醉还来花下眠。半醒半醉日复日，花落花开年复年。"

此时的你，酒醒花前坐，酒醉花下眠。

你说，世人笑你太疯癫，你笑世人看不穿。

你知道，功名富贵，皆是过眼云烟。

喜欢你那首《开门七件事》："柴米油盐酱醋茶，般般都在别人家。岁暮天寒无一事，竹时寺里看梅花。"活在人间，谁也避不开柴米油盐。却也有人，如你这般，偷得几分闲暇，把酒写诗，踏雪寻梅。生活若无风花雪月点缀，必然是苍白的。

愤懑也好，寥落也好，至少日子看起来是清雅和快意的。你说：“不炼金丹不坐禅，不为商贾不耕田。闲来写就青山卖，不使人间造孽钱！”你说：“我也不登天子船，我也不上长安眠。姑苏城外一茅屋，万树桃花月满天。”

人们说，流连风月的时候，你认识了一位叫沈九娘的女子，你们同病相怜，情投意合。后来的许多年，她始终在你身边，陪你写诗作画，为你抚琴烹茶。人们还说，你们生了个聪明伶俐的女儿。我希望这是真的。世界荒凉，我希望有人陪着孤独的你。倘若你了解我的人生，或许你也会希望有人陪着孤独的我。

不管怎样，暮年的你是凄凉的。饮着酒，写着诗，作着画，不知不觉，你已走到了人生的尽头。蓦然回首，一切都已成空。人们说，生死之外，皆是闲事。果然如此。

伯虎，在你的人生里辗转一回，也仿佛经历了你的悲欢离合。喜欢你的狂傲不羁，也喜欢你的玩世不恭。但我多希望，你是那故事中的模样。再会了，伯虎。

【人物简介】

唐寅（1470—1524），字伯虎，号六如居士。明代著名书画家、诗人。性情狂放，玩世不恭。三十岁时，因卷入科场舞弊案，被贬为小吏。此后浪迹江南，与山水书画为伴，晚景凄凉。诗文方面，与文徵明、祝允明、徐祯卿并称“江南四大才子”；书画方面，与文徵明、沈周、仇英并称“明四家”。

王阳明

红尘一别，
此心光明

【寄阳明】

世事空明独自吟，半如云影半如真。
应知古月为新月，也可凡人作圣人。
聚散当如前日梦，是非俱在一颗心。
红尘此去无遗恨，直似清风入旧林。

阳明：

人们说，中国历史上有两个半圣人。

一个是孔子，一个是你，半个是晚你三百多年的曾国藩。

人们还说，你是古今第一完人。你实现了立德立功立言“三不朽”。你文韬武略，是宋明心学的集大成者，且事功无双，配得上这样的赞誉。

那年，你与朋友同游南镇，朋友指着山中花树说：“天下无心外之物，如此花树，在深山中自开自落，于我心亦何相关？”你却说：“你未看此花时，此花与汝心同归于寂；你来看此花时，此花颜色一时明白起来，便知此花不在你的心外。”其实，花如此，万物皆如此，都在你心里，心不动，则悲欢离合难以侵扰。

你生于仕宦之家，父亲官至南京吏部尚书。据说你出生前，祖母梦见仙人脚踩祥云经过王家，于是在你出生后，祖父为你取名王云。但是，直到五岁时，你仍旧不曾开口说话。某日，一高僧经过，抚摸着你的头说：“好个孩儿，可惜道破。”祖父细加参悟，为你改名为王守仁，其后你便能说话了，而且还能背诵父亲从前读过的许多诗文。

你天生聪慧，而且记忆力超群，不到十岁就能作诗。你十岁那年，父亲状元及第，举家迁往绍兴。途经金山寺，受到当地文人朋友款待，你当众吟出一首《金山寺》：“金山一点大如拳，打破维扬水底天。醉倚妙高台上月，玉箫吹彻洞龙眠。”

众人十分惊讶，都怀疑此诗并非即兴所作，让你再吟一首。你略加思索，又吟出一首《蔽月山房》：“山近月远觉月小，便道此山大于月。若人有眼大如天，还见山小月更阔。”十岁的你，已隐约懂得了辩证。此后，你便成了当地有名的神童。

十二岁，你入私塾就读。一日，你与先生讨论天下一等要事，老师说科举登第，而你则摇头说，天下一等要紧事，是读书做圣人，先生闻此，瞠目结舌。世间之人皆有理想，但自幼立志做圣人的，翻遍史书也寥寥无几。

从那时起，做圣人就是你矢志不移的理想。

这理想，如一盏灯，照着你的远方。

十七岁那年，你迎娶了诸养和之女为妻。但在成婚当晚，你竟消失不见，众人着急地往四处寻找。次日清晨，岳父在一座道观找到了你。原来，结婚当日，你见时间尚早，便到各处闲逛，不知不觉来到了一座道观，见一位道士在打坐，便与之相对而坐，探讨养生之法。这一倾谈，便是一整夜。

次年，你从南昌回绍兴，路上拜见了娄亮，向他讨教“格物致知”之学。回到绍兴后，你想着一草一木皆具至理，对着竹子苦思冥想七日七夜，一无所获。其后，你患病多日。

二十二岁，你进京参加科举，天赋异禀的你居然名落孙山。父亲开导你，未能考中也不必懊丧，你却说，别人以未考中为耻，你则以未考中而为之苦恼为耻。那时的你，落第却不减豪情。内阁首辅李东阳对你说，此番未能考中，下次必能高中状元，可以试着写一篇状元赋。他本是玩笑之语，你却真的写了篇庆祝状元及第的文章，文采斐然，让朝堂元老赞叹不已。不过，也有人说，你这般狂傲，他年若是考中状元，必然目中无人。

落第之后，你在苦读诗书的同时，也认真研究兵法。三年后，你再次落第，仍旧看得很淡。二十八岁那年，你第三次参加礼部会试，终于登第，步入了仕途。那时候，你的诗颇有志得意满之意，比如：“夜静凉飒发，轻云散碧空。玉钩挂新月，露出青芙蓉。”比如：“灵峭九万丈，参差生晓寒。仙人招我去，挥手青云端。”五年后，你被任命为兵部武选司主事。

阳明，你很清楚，世事无常是常态。

我们一路前行，不知道何处有荆棘风雨。

不久后，你的人生迎来了雨雪凄迷。

你三十四岁那年，朱厚照即位，即明武宗。此后宦官刘瑾专权，肆意妄为，南京给事中御史戴铣等多人被下狱，朝堂上可谓血雨腥风。为了解救戴铣等人，你上书皇帝，却因此得罪了刘瑾。结果，你被当庭杖责四十，又被贬为贵州龙场驿站驿丞。不仅如此，刘瑾还派人在路上暗杀你，你伪装跳河自杀才逃过一劫。

对你的人生来说，这是一场磨难，却也是一场修行。你的心里，始终有那盏灯照着，因此你不怕夜雨江湖，也不怕山重水复。事实上，在人烟稀少、偏僻荒凉的龙场，你终于得见柳暗花明。你栖居于山洞多日，忘却了世间悲欢聚散和功名利禄，沉下心来思索圣人所谓“道”。

一天，你从山洞里大笑着走出，说：“圣人之道，吾性自足，向之求理于事物者误也。”世人称之为“龙场悟道”。从此，你的心里一片光明。你知道，圣人之道就在心里。从那时起，你不断开坛授课，将心学传授给世人，追随者越来越多。

果然，荆棘风雨未必是人生磨难。

或许，所有的风雨兼程，都是生活的恩赐。

我们只需坚定前行，去遇见，去领悟。

三十八岁那年，你离开龙场，前去庐陵任知县。次年，刘瑾伏诛。此后，你的官位一路攀升，从南京刑部主事做到了南京鸿胪卿。四十五岁那年，因受兵部尚书王琼的赏识，你被擢升为都察院左佥都御史。

那时候，南方盗贼四起，民不聊生。平定盗贼，正是你职责所在。在平定盗贼的战争中，你妙计频出，可谓运筹帷幄，决胜千里。四十六岁那年初，你假意撤退，突袭贼寇，连破四十余寨，杀敌七千余人。七月，你率众进军大庾。数月后，再次大败贼寇，杀敌数千人。多年来被朝廷视作顽疾的东南贼寇，悉数被你荡平。

四十八岁那年，你前往江西吉安平定宁王朱宸濠的叛乱。你让人四处宣称，朝廷已派重兵前往征讨，又让人劝朱宸濠进攻南京。朱宸濠怀疑有诈，举棋不定。过了十余日，朱宸濠才出兵向南京进发。你率兵直捣其老巢南昌。最终，双方在鄱阳湖上展开决战，宁王战败被俘。

你忆起，十五岁时就曾上书天子，进献平定叛乱之策。那年，你曾前往塞外，在山海关等地停留月余。平定宁王叛乱后，你写了首《即事漫述四首》（其二）：“百战深秋始罢兵，六师冬尽尚南征。诚微未足回天意，性僻还多拂世情。烟水沧江从鹤好，风云溟海任龙争。他年若访陶元亮，五柳新居在赤城。”

五十七岁，你总督两广，轻而易举地平定了卢苏、王受等人的叛乱。你生平作战无数，未尝败绩。上下五千年，文韬武略如你者寥寥无几。因此，后世的人对你推崇备至。

暮年的你，大部分时间都在讲学。五十三岁，你受邀在稷山书院讲学。次年，你在绍兴创建了阳明学院。后来，你的弟子遍及天下，心学成了无数人推崇的学问。年少时，你说过要做圣人。果然，你做到了。那盏灯一直亮着，后来又成了别人的灯。

四百多年后，奥地利作家斯蒂芬·茨威格说："一个人生命中最大的幸运，莫过于在他的人生中途，即在年富力强时，发现了自己的使命。"而你，年少时已知晓了自己的使命，并且完美地实现了。难怪，有人将你称作"古今第一完人"。

阳明，人们熟悉的你，是古今两个半圣人之一。但其实，你还是个诗人，你的诗里也有江山风月。比如："夜静海涛三万里，月明飞锡下天风。"比如："忽向山中怀旧侣，几从洞口梦烟萝。"比如："幽人月出每孤往，栖鸟山空时一鸣。"对于人生，你看得无比通透，你在诗中写道："饥来吃饭倦来眠，只此修行玄更玄。说与世人浑不信，却从身外觅神仙。"

五十七岁那年，你病逝于舟中。

临终前，你只留下"此心光明，亦复何言"八个字。

此心光明，真好。

【人物简介】

王阳明（1472—1529），名守仁，字伯安，号阳明。明代哲学家、文学家、军事家。宋明心学之集大成者，且事功盖世，被称为立功立德立言"三不朽"。世人将其称作中国历史上两个半圣人之一。有《王文成公全书》留世。

金圣叹

此生狂怪，
也把白云爱

【清平乐】

此生狂怪，也把白云爱。
秉性未能轻易改，幸有青山相待。
黄昏独倚柴门，也将明月空吟。
试问红尘万丈，谁能白发天真。

圣叹：

那个寻常的日子，骄阳似火。

一代才子被押赴刑场，他的生命走到了尽头。

两个儿子前来送行，看着即将离世的父亲，失声痛哭。才子尽管难过，却还有心情对对联。他出了个上联“莲子心中苦”让两个儿子对。两个儿子心乱如麻，无言以对，他说出了下联“梨儿腹内酸”。他用了谐音，意思是：怜子心中苦，离儿腹内酸。

行刑前，同时被押至刑场的人吓得直哆嗦，他却是泰然自若，还说：“杀头，至痛也；籍没，至惨也。而圣叹已无意得之，不亦乐乎！”然后，他凑近刽子手说：“我耳朵里有两张银票，共二百两，若能先斩我，银票便都归你。”刽子手甚是高兴，如他所愿，首先斩了他。头颅落地，耳朵里跌落两张字条，一张写着“好”，一张写着“痛”。

活到最后，仍是嬉笑人间的模样。

那人便是你，一生狂傲荒诞，一生玩世不恭。

那年，五十四岁的你被斩首。

你的一生，是疏狂恣肆的一生，亦是游戏人间的一生。万历三十六年（1608）上巳节，你生于苏州。家境贫寒，但你聪颖灵慧，喜欢读书，尤其喜欢《水浒传》。只是，恃才傲物的你，终生寥落。

人们都说，你是个怪才。据说，你参加过四次科举考试，前三次都被你视为儿戏。第一次参加科考，题目为“吾岂匏瓜也哉，焉能击而不食”。你在试卷上画了一个和尚、一把剃刀，你说这便是瓠瓜之形意。

第二次参加科考，题目为“我四十不动心”，语出《孟子》。你在试卷上写道：“空山穷谷之中，黄金万两；露白葭苍而外，有美一人。试问夫子动心否乎？”又在后面写了三十九个“动”字。因为，孟子曾言，四十岁后就不再动心。

第三次参加科考，题目为“西子”。你如此写道：“出其东门，西子不来；出其南门，西子不来；出其北门，西子不来；出其西门，西子来乎？西子来乎？”这样的答卷，阅卷老师的感受可想而知。

人们说，游戏人间的人，终将被人间游戏。

才华横溢的你，因为狂放不羁，始终未能走入仕途。

当然，我知道，你本也无心于尔虞我诈的官场。

尘世间，能入你眼的人和事，都不多。

在你游戏红尘的时候，大明王朝已是风雨飘摇。义军四起，天子如坐针毡。你三十七岁那年，李自成攻破了北京城，小你三岁的崇祯皇帝于煤山自缢。接着，清军入山海关，不久后清廷将统治中心移至北京。

你虽玩世不恭，但是深知生之大义，对于那些投降清廷的明朝官员，你甚是鄙夷。你舅舅钱谦益，曾在崇祯年间任礼部尚书。后来，他投降清廷，做了礼部侍郎。那年，钱谦益寿辰，许多人前往庆贺，你也受母命前往。筵席上，一群善于溜须拍马的人要求你写诗。你不动声色地写了副对联：“一个文官小花脸；三朝元老大奸臣。”满座无不惊愕，你舅舅更是气得满脸铁青。

江山沦陷，但是身为臣子不该失去气节。你之为人，虽然荒诞，但最恨见风使舵、朝秦暮楚之人。写完那副对联，你拂袖而去，一身潇洒。后来，你改名金人瑞，前去参加科举并且夺魁，却仍是游戏一场。考试结束，你便回归故里。因为，你不愿做清廷的官。

圣叹，我知道，你的狂和怪都是有资本的。

世间之书，从经史子集到各类小说，你无所不读。

读得多了，你便开始评点其优劣。

而且，你还给天下书籍排名次。在你眼中，《离骚》《南华经》《史记》《杜诗》《水浒传》《西厢记》为六才子书。前四本的确是经典，而后两本在当时几乎可谓禁书。但你喜欢，所以将他们排在五、六位，不管世人如何褒贬。事实上，你不仅喜欢评点，还喜欢批注和删减。你删减了《水浒传》后三十回，删减了《西厢记》第五本，使之以悲剧结尾。

圣叹，你喜欢对对子，留下不少让人击节叫好的对联。比如，“雨入花心，自成甘苦；水归器内，各现方圆”；比如，“真读书人天下少；不如意事古今多”。

那年中秋赏月，你偶得一联：天上月圆，人间月半，月月月圆逢月半。冥思苦想许久未有下联，便将上联写在壁上。除夕之夜，突然想到年头与年尾相接，有了下联：今夜年尾，明朝年头，年年年尾接年头。

一日，你遇见一位喜欢对对子的老者。他见你仪表堂堂，邀请你一起喝茶。其间，他出了个上联：大小子，上下街，走南到北买东西。你略加思索，对出了下联：少老头，坐躺椅，由冬至夏读春秋。

最绝的是你为戏台题写的那副长联：“这老翁舍得几文钱，斋僧布道，加几年阳寿足矣，胡为乎，使金童玉女引上天堂，呀呀呀，玉帝也嫌贫爱富；那婆子偷尝两片肉，破戒载荤，打两个嘴巴够了，又何必，差马面牛头拿归地狱，哈哈哈，阎王乃重畜轻人。”

圣叹，人活着，就像一盏灯。

不管闪烁多久，终会在某年某日归于寂灭。

五十四岁那年，你被岁月熄灭了。

此前一年，苏州吴县县令任维初大肆搜刮民脂民膏。为了催讨赋税，他命人对百姓棍棒相加，还曾打死一人，百姓对其恨之入骨。次年初，顺治帝驾崩。向来同情黎民疾苦的你与十余名江南名士带着许多百姓于孔庙聚集，以悼念先帝为名，向上请愿，要求朝廷罢免任维初。

然而，官场向来盘根错节，牵一发而动全身。结果，朝廷不仅没有罢免任维初，还以“鼓动民众、无视国法”之罪名逮捕了带头的十余人。而你，在这场所谓的“哭庙案”中，作为首犯被判斩刑。

心知时日无多，但你仍是那个玩世不恭的才子。你说要给家人写信，狱卒拿来纸笔，你写完后交给狱卒，并说务必亲手交给你儿子。结果，狱卒将信交给了县令。县令打开信，只见信上写着：“字付大儿看，盐菜与黄豆同吃，大有胡桃滋味。此法一传，我无遗憾矣。”你知道，狱卒定会将信交给县令。死前，你还在戏弄官员。

狱中的某夜，你忆起一件往事。两年前，你曾前往一座寺院游赏，与住持倾谈很久。后来，住持出了个上联让你对：半夜三更半。你苦思很久都没能对出。那夜，见明月在天，你突然想到了下联：中秋八月中。人们说，生死之外皆闲事。而对你来说，生死亦可以视为儿戏。

你是个天才，所以恃才傲物。在你眼中，世间的那些秀才，大都太庸俗。或许，正因如此，在科场之上，你才会那般儿戏。红尘万丈，没有几个人配得上你的青眼相加。至于朝廷之中，更是粗陋不堪者多，才华横溢者少。所以，你也不屑进入仕途。你喜欢云山风月，更喜欢放浪形骸的自己。

被杀当日，你留下了一首绝命诗："天悲悼我地亦忧，万里河山带白头。明日太阳来吊唁，家家户户泪长流。"配得上祭拜你的，只有山河日月。次日，太阳如常般升起。但人们知道，那是一场无声的吊唁。

【人物简介】

金圣叹（1608—1661），一说本姓张，名采，字若采，明亡后改名人瑞，字圣叹。明末清初文学家。擅长文学评点，对《左传》《水浒传》《西厢记》等著作皆有评点。狂放不羁，任性天真。后因"哭庙案"被斩。

朱由检

明朝末代皇帝

【点绛唇】

一枕黄粱，煤山寂寞谁人赋。
落花无数，往事如尘土。
杜宇声声，啼断今和古。
回眸处，潇潇烟雨，叹把江山负。

崇祯皇帝：

那年，你将自己吊在了煤山的树上。

同样被吊在树上的，还有气息奄奄的大明江山。

那年，你三十四岁。延续二百七十六年的大明江山覆灭在你的手里，你很是悲伤。你曾说，你非亡国之君，诸臣尽为亡国之臣。但仔细想想，大明之亡，朝臣与你皆有责任。但更重要的是，一个王朝传承两百多年，如白发老者，已到了行将就木的年岁。你只是被命运选择，做了那个亡国之君而已。起落盛衰，本就是寻常之事。再强盛的王朝，也终有山河破碎的时候。

犹记得，即位之初，你勤勉政事，宵衣旰食。犹记得，那时的你，铲除魏忠贤阉党，雷厉风行。那时的你，一心想要复兴大明。可惜的是，你虽有中兴之愿，却无强国富民之能。你终究，无法以一己之力，挽大明江山大厦于将倾。

那个冬天，你降生于紫禁城。作为太祖朱元璋的十一世孙，又是当朝天子的皇孙，太子朱常洛的儿子，你本该受尽娇宠。然而，真实的情况并非如此。万历皇帝不喜欢你父亲，他更喜欢朱常洵，甚至数次想改立储君。

你母亲刘氏，地位低微，因此你也不受人待见。在你五岁那年，母亲郁悒而终，年仅二十三岁。其后，你被交给康妃抚养。后来，康妃生了女儿，十岁的你又被交给庄妃抚养。母亲早逝，父亲无暇顾及，你寄人篱下，在深宫之中甚是孤独。渐渐地，你养成了冷漠和独来独往的性格。你十四岁那年，庄妃离世，你更是受尽冷落。

彼时的大明王朝，历经二百多年的风雨洗礼，已日渐衰败。朝廷昏暗，朝政混乱，文恬武嬉，还有朋党之争不断上演。在冷寂的后宫中，你只想尽快长大，离开紫禁城，被封往别处，做个自在快活的富贵王爷。

但是，生活却不给你那样的机会。

它最终选择了你，为那个瘦骨嶙峋的王朝送终。

你百般不乐意，却又无法推卸。

在你十岁那年，万历皇帝驾崩，你父亲即位。然而，仅过了一个月，你父亲就撒手人寰。你的兄长朱由校登基为帝。天启二年（1622）你被封为信王。那时的你，喜欢读书，尤其喜欢历史。对于朝廷之事，你无心过问。

但你看得清楚，受尽宠幸的魏忠贤联合其朋党击垮了东林党，在朝廷中翻云覆雨。而在朝廷之外，屡有叛乱发生。另外，东北的后金日渐强大，对大明万里江山觊觎已久。你痛恨专权的魏忠贤，但表面上对他很是客气。

十七岁那年二月，你迎娶了自己的王妃，不久后搬入了属于自己的王府。在后宫中过了多年冷寂生活的你，终于感受到了些许温暖。不过，此时的你，仍旧只想离开京城，远离是非纷扰。

可是，生活却让你回到紫禁城，并且做了那里的主人。天启七年（1627）年八月，天启皇帝病入膏肓，又无子嗣，便决定将帝位传给你。尽管魏忠贤等人百般阻挠，你还是依照天启皇帝遗旨登基为帝，改元崇祯。

即位后，你做的第一件事，就是铲除魏忠贤及其党羽。在虚与委蛇数月后，你突然开始剪除阉党。结果，魏忠贤及其对食奉圣夫人客氏被凌迟处死，其党羽或被处死，或被削籍流放。

此后，你一心想要振兴朝纲，让大明王朝再现繁华强盛。你励精图治、夕惕朝乾，的确是明君的模样。但你性格多疑敏感、刚愎自用，无法做到知人善用，亦无法做到用人不疑、疑人不用。比如，你重用曾被迫害的东林党人，却又让礼部尚书温体仁、礼部尚书王永光等人制衡东林党的势力。因为不信任，你不断调整官员，在位十七年，你换了十七个刑部尚书和五十个内阁大学士。

最让人惋惜的是袁崇焕。你即位后，曾经辞官归里的袁崇焕受到重用，你还赐给他尚方宝剑。你十九岁那年，后金大汗皇太极大举进攻明朝，十一月兵临北京城下。袁崇焕率军驰援京城，击退了后金大军。不久后，有大臣弹劾袁崇焕通敌叛国。与此同时，皇太极也使用反间计，散布谣言称袁崇焕已投降后金。你信以为真，以里通后金、纵敌不战等罪名，将袁崇焕凌迟处死，又将其家人流放三千里。

很多时候，你仿佛是一个人在战斗。其实，你并非昏聩无能之君，也不曾纵情声色。然而，在大明王朝气数将尽的时候，你的雄心壮志注定被岁月碾成齑粉。

最后，在你手里，大明江山还是走向了终点。

你虽有错，但那是岁月飘零的结局。

那时候，你面临的难题太多。除了后金的不断侵扰，还有各种自然灾害。河南、陕西等地连年遭遇灾荒，除了水灾还有蝗灾，造成饥馑频发，饿殍满地，百姓流离。崇祯六年（1633），也就是你二十三岁那年，鼠疫爆发，持续多年，从西北开始，到后来延绵至江南地区。

这场鼠疫，造成数千万人死亡。在你离世前的两年，仅北京城就有二十余万人死于鼠疫。据说，当时的情景是，死亡枕藉，十室九空。

遍地饥馑又造成了起义军四起，渐成燎原之势。各地义军啸聚山林，杀害地方官员，气焰嚣张。面对起义军，朝廷在安抚与征讨之中难以抉择。要安抚，就需要钱财，因为国库空虚，就需要对本就衣食难继的百姓增加赋税；要征讨，但明军与后金作战多年，已少有余力对付农民军。安抚不行，征讨无力，这就造成了张献忠、李自成等义军的不断强大。

五年后，在无数饥民和知识分子不断加入后，李自成的起义军更加强大，他被称作“闯王”，其军队势如破竹，直指京师。与此同时，大明与后金的战争仍在继续。在你二十六岁那年，皇太极称帝，建立大清，与大明分庭抗礼。在与大清军队的战斗中，明军不断溃败。你任命杨嗣昌为兵部尚书，企图挽回颓势。那时候，你中兴大明的愿望并未熄灭。

然而，彼时的大明王朝已呈覆灭之象，朝廷中人心涣散。三十三岁那年大年初一，你照例前往皇极殿接受朝贺。到了那里，你发现文班武班竟都仅有一人。其后，才有朝臣无精打采地赶来，终于凑了几十人，勉强举行了朝贺之礼。

除了朝臣，百姓也对大明王朝失去了信心。李自成在襄阳自称新顺王，还提出“三年免征，一人不杀”的口号，民间则开始流传“闯王来了不纳粮”的歌谣。你将最后的希望寄托在孙传庭身上，但他不久即战死。

你三十四岁那年，李自成军队攻破了北京城。李自成派人来劝降，你严词拒绝。作为天子，你要守住大明王朝最后的尊严。崇祯十七年（1644）三月十八日那晚，你登上煤山，只见火光冲天，知道大势已去。你叹了口气，回到了寝宫。其后，你让太监将三名皇子送到外戚处。此时，太监宫女大都已逃走。你饮了几杯酒，站起身来，拔出了剑。

你先是命周皇后等人自尽。然后，你挥剑砍向了昭仁公主和长平公主，前者当场毙命，后者被砍断手臂昏死了过去。长剑滴血，你的心头亦在滴血。你骂她们不该生于帝王之家。自然，你也不愿生于帝王之家。如果可以，你宁愿做个寻常人，过平淡安稳的日子。但是没办法，岁月选择了你，成为大明的亡国之君。

那夜，你带着王承恩，带着火铳，企图在几处城门突围，皆无果。五更时分，你召集文武百官上朝，未见一人。你带着王承恩登上了煤山。夜幕下的万里江山，朦胧而宽广。一棵歪脖子树，成了你生命的终点。你走得凄凉而悲壮。

你并非昏君却断送了大明江山，这是岁月的选择。

世事变迁、王朝更迭，皆是常事。

你自缢而死，也算磊落从容。

【人物简介】

朱由检（1611—1644），字德约，明朝末代皇帝，庙号思宗，又称崇祯皇帝。即位之初，勤于政事，宵衣旰食，力图中兴大明。性情多疑，刚愎自用，并无复兴王朝之能。后期，内有农民起义，外有后金侵扰，内忧外患中，大明走向了终点。北京被李自成军攻破后，于煤山自缢。

柳如是

我见青山多妩媚，
青山见我应如是

【寄柳如是】

秦淮十里章台路，看尽春风总不如。
白发投江嫌水冷，红颜落笔爱梅疏。
举杯常叹非男子，吟月应能比校书。
摇落江山多怅恨，清风独立笑鸿儒。

如是：

最初认识你，是因为你的名字。

我知道，你喜欢辛稼轩的词，也喜欢他的豪情。

你虽为女子，但才华横溢，不逊须眉。

“我见青山多妩媚，料青山见我应如是。”因为喜欢这词句，你便取名为如是。我想，真正的诗人可以以青山白云为知己，可以与之把酒言欢。辛稼轩如此，你亦如此。因为这名字，我穿过几百年岁月，在你的人生里走了许多遭。我看到的，是一个清丽脱俗、工于诗词书画的女子。你虽身处风尘，却如一轮明月，冷寂而清白。

柳如是，只这三字就值得品味许久。与齐名的陈圆圆、李香君、董小宛等人相比，你的名字最具文人气息。你还有过“柳隐”“影怜”“我闻居士”等别号，但都没有如是二字更具韵味。

你是属于江南的。一帘细雨中，款款而来。

走着走着，走入了一场遥远的梦，继而消失不见。

你归去的地方，是独属于你的一方天地。

你虽身在青楼，但对于那些庸俗的士大夫，你只有鄙夷。你所结交的，尽是才情卓绝的才子。自然，孤寂的你，也盼着觅得一良人，共你锦瑟年华。

终于，某个寻常的日子，一个温文尔雅的才子走入了你的小楼。他叫陈子龙，是当时复社有名的才子，学识渊博，为人正直。对你来说，遇见他，就像独行于夜雨江湖，突然间遇见了灯火。许是某个黄昏，你们于月色下蓦然相遇，一见如故。

风流倜傥的他，风华绝代的你，开始了一段故事。故事里，你们诗酒酬唱，尽是欢愉。他喜欢为你写诗，你愿意为他弹琴。自然，你琴声里的悲与喜，他都懂。可惜的是，这段故事最后无疾而终，他离开了你的小楼。然后，便是各自红尘，各自悲伤。

如是，人世间，有无数的聚散离合。

再美的相逢，也总是以各自天涯为结局。

或许，你们都不曾辜负对方，只是因为某些原因不得不分开。你没有恨过他。事实上，分别多年，你时常念起陈子龙这个名字。想起的时候，最初是感伤，后来是坦然。毕竟，你们在那段往事中欢愉过，其值得你余生一次次回味。后来，大明覆亡，他在抗清的斗争中战败，投江而死。那时候，闻讯的你既悲伤又欣慰。悲伤的是，故人离世；欣慰的是，这个男子正气凛然，你没有看错人。

在他离开后，你恢复了往日的生活。所有的强颜欢笑中，都有无人知晓的孤独。你孤独地弹琴，孤独地作画，孤独地写诗。往往，陪伴你的只有天边明月，和眼前的一灯如豆。那时候，你的诗里有水流花谢，有杜鹃啼血：“春草先笼红芍药，雕栏多分白棠梨。黄鹂梦化原无晓，杜宇声消不上枝。”明媚的春色里，你心事黯淡。

那时候的大明王朝，已是行将就木。内有义军四起，外有后金觊觎。大明江山在动荡中风雨飘摇。那样的岁月里，许多人得过且过。事实上，他们在歌舞升平中，已经为那将死的王朝竖起了经幡。后来，李自成攻破北京，继而清军入关。许多人心安理得地投入了清廷的怀抱，一切都无比自然。对于那些人，你无比鄙夷。

蓦然，我想起了年少时的你。你天生灵慧，明眸善睐。你喜欢读书，也喜欢学习弹琴和绘画。然而，命运为你安排的，却是一段凄美的人生。因为家贫，你被卖到吴江为婢，后来又被卖到了青楼。再后来，才华横溢的你，成了秦淮河畔炙手可热的歌女。尽管如此，你始终保持着最初的兰心蕙性。你将来往的客人视作浮云，夜深人静时找回那个澄澈的自己，与之把酒倾谈。

心中有明月，便可出淤泥而不染。

经历了多年的风尘生涯，你仍是最初的恬淡模样。

你喜欢独坐小楼，也喜欢行走于湖山。

你也喜欢，将心情剪成诗，寄给白云流水。冬日泛舟，你写过这样一首诗："谁家乐府唱无愁，望断浮云西北楼。汉珮敢同神女赠，越歌聊感鄂君舟。春前柳欲窥青眼，雪里山应想白头。莫为卢家怨银汉，年年河水向东流。"那时的你，泛舟湖上，却是愁情满怀。

印象中的你，总是一身儒士装扮，自称河东君。双眸剪水，面若桃花，天然一段风流。这样的你，是无数人眼中的风景。但最重要的是，你是自己的风景。你喜欢这个写诗作画、于哀愁中美丽的自己。对你来说，山水云月、草木斜阳，皆是浮生知己。

如是，你可以是一幅画，山水相依；也可以是一首诗，平仄恰当。尽管你身在风尘，但是走出风尘，抖落一身尘埃，你便是世间最美的风景。你是倾城的女子，亦是吟风弄月的诗人。有诗有画，有云有月，你在孤独中丰盛。

那年，你走过西子湖畔，作了一首《雨中游断桥》："野桥丹阁总通烟，香气虚无花影前。北浦问谁芳草后，西泠真有恨情边。看桃子夜论鹦鹉，折柳孤亭忆杜鹃。神女生涯应是梦，何妨风雨照婵娟。”你知道，西泠桥畔沉睡着一个如你般翩若惊鸿的女子。她叫苏小小，红颜薄命，早早地离开了人世。每次路过西泠桥，你都会伫立着默然叹息。我知道，你感叹的是小小的命运，也是自己的人生。

在你漫步于西湖的时候，总有人为你驻足。但你在乎的，只有那一湖清水。你寂静走过，怕惊扰了那沉睡的红颜。最后，你离开了西湖，回到了秦淮河畔。偶尔，你也会感叹世事沧桑，忆起金陵旧日的繁华，然后想起刘禹锡那首《乌衣巷》，感叹于“旧时王谢堂前燕，飞入寻常百姓家”。

许多黄昏，你都在抚琴。

就在这琴声里，一个王朝走向了终点。

弹着琴，写着诗，你听到了纷乱的马蹄声。在无数士大夫寻欢作乐的时候，你在为大明王朝忧心。你说：“文学方须重邺下，乘传今更属龙池。澄江历乱吴云没，洛浦皋烟帝子悲。”你说：“楚水月明人淡黯，吴川枫动玉萧森。因看淮幕风云壮，未觉襄郧烽火深。”

如是，身为女子，你有咏絮才华，也有爱国情怀。你的生命里不止有柔弱，还有对家国的深情。但你知道，该发生的总会发生。成败兴亡，皆是世间常事。纷乱的时光里，你必须过好自己的日子。

二十三岁那年，你走入了另一段故事。冬天的某日，你走出小楼，驾着一叶扁舟，漂到了一个叫半野堂的地方。那里，一位名士在独自浅斟低唱。他便是诗才纵横、二十八岁进士及第、曾为东林党领袖的钱谦益。那时候，他已年近花甲。

你敲开了那扇门，几许忐忑。

门开了，一位白发老者惊讶地看着花容月貌的你。

那段故事，也便由此开始。

那时候，钱谦益被削籍，于是回归故里，过着素朴宁静的日子。他的半野堂极少有人到访。而你，久闻其名，甚是仰慕，早有造访之意。那日，一个头发花白的老者，一个年华正好的女子，在那个寂静的地方，品茗倾谈很久。

那日之后，半野堂从前的寂静被诗酒唱和所取代。你的到访，让五十九岁的钱谦益心中涟漪再起。他对你，有欣赏，也有怜惜。那个冬天，你们除了把酒倾谈，也时常外出，寒舟垂钓，踏雪寻梅，日子无比惬意。

次年春日，你们在西子湖的画船上结为伉俪。钱谦益作为一代大儒，娶了个风尘女子，人们对他多有指摘，但他不在意。那年，你二十四岁，他六十岁。你要的是两个生命携手红尘，对于人们的鄙薄置若罔闻。你写诗说："垂杨小院绣帘东，莺阁残枝蝶趁风。最是西泠寒食路，桃花得气美人中。"欢喜尽在其中。

此后，你们的日子里，有诗有酒，有风有月。你们喜欢泛舟湖上，也喜欢携手山中。那正是你想要的琴瑟在御、岁月静好。畅游山水之后，你们回到属于你们的红豆山庄。钱谦益还为你筑了座绛云楼，供你读书抚琴。清雅的日子里，你写下了这样的诗句："今夕梅魂共谁语？任他疏影蘸寒流。"

但这清雅和寂静，突然被打破了。在你二十七岁那年，李自成军队攻破了北京，崇祯皇帝自缢于煤山。江山摇落，你的诗里尽是悲伤："钱塘曾作帝王州，武穆遗坟在此丘。游月旌旗伤豹尾，重湖风雨隔髦头。当年宫馆连胡骑，此夜苍茫接戍楼。海内如今传战斗，田横墓下益堪愁。"

世事变幻之际，最能看出一个人的品性。你看到了，许多文人放下了尊严，走入了清廷的考场。许多大明朝臣，不久后就成了清廷的臣子。你看不上那样的奴颜婢膝。在你心里，身为文人，至少应该有几分骨气。

最让你伤心的是，你深爱着的那个男子，在事关气节的时候，选择了退缩。你们说好双双投河自尽，他却在最后一刻退缩了。钱谦益没有勇气以死明志，你对他无比失望。你虽为女子，却比他更具风骨。事已至此，你只好劝他远离是非，继续过素净的日子。然而，他却悄然投降了清朝，做了礼部侍郎。你不愿随他赴京，留在了江南。

在他走后，你甚觉孤独。你仍旧弹琴写诗，但心里总是空落落的。一首《金明池》，写尽了凄凉。你说，“忆从前，一点东风，几隔着重帘，眉儿愁苦。”你说：“总一种凄凉，十分憔悴，尚有燕台佳句。”这样的凄凉，是陌上花开也无法消除的。

十余年后，钱谦益病故。为了家产之事，你受尽了钱家人的欺凌。最终，心如枯槁的你选择了三尺白绫，将自己吊在夜空之下。那夜，人间寂静，月色如水。但你知道吗？三百多年后，仍有人时常念起你的名字。

你就是你，你见青山妩媚，青山见你亦如是。

岁月深处，你始终是一抹明丽的风景。

就此别过了，如是！

【人物简介】

柳如是（1618—1664），原名杨爱，自称河东君，因喜辛弃疾“我见青山多妩媚，料青山见我应如是”句而改名柳如是。明末清初才女。与马湘兰、卞玉京、李香君、董小宛、顾横波、寇白门、陈圆圆并称“秦淮八艳”。虽为歌妓，但风骨独具，颇有民族气节。

李香君

血染桃花扇

【点绛唇】

独自西楼，孤灯明灭流光黯。
死生一念，血染桃花扇。
万里江山，此去终难返。
良人远，音书难见，人被清风管。

香君：

一把桃花扇，是你的标签。

但在我看来，那把桃花扇是大明王朝最后的风骨。

你虽为女子，但倔强刚烈，不让须眉。

所以，三百年后，作家林语堂在《为香君题诗》中这样写道：“香君一个娘子，血染桃花扇子。气义照耀千古，羞杀须眉汉子。香君一个娘子，性格是个蛮子。悬在斋中壁上，教我知所观止。如今这个天下，谁复是个蛮子？大家朝秦暮楚，成个什么样子。当今这个天下，都是骗子贩子。我思古代美人，不至出甚乱子。”

身为女子，你可以为了清白血溅桃花扇。

而当时的许多男子，在清兵入关以后纷纷投降。

想必，对于那些人，你只有轻视。

你生于苏州，父亲本为武官，但因为魏忠贤阉党陷害而获罪，其后家道中落。自幼聪慧的你在十几岁的时候，已是诗词音律无所不精。为了生计，你入了南京乐籍，成了一名青楼女子。数年以后，你已长成了娉婷女子，身姿婉娴，娇媚如花。

因为玲珑可人，眉眼俏丽，你被称作“香扇坠”。只是，你的心事少有人知。你在媚香楼里，迎送着来往客人，又在自己心里留着一方水土，种菊修篱。

秦淮河畔的小楼上，你有你的灯火阑珊。

你希望，灯火阑珊处有个俊雅公子走来，牵起你的手。

终于，他出现了，在某个黄昏。

他叫侯方域，明复社“四公子”之一，风流俊逸，文采斐然。你见过无数男子，但没有谁如他那般让你心动。面前的侯方域，温雅中藏着几分冷傲。而你，明媚中有几分忧伤。你们一见倾心，故事也便从此开始。那年，你十六岁，他二十二岁。

人说，情不知所起，一往而深。

侯方域与你便是如此。初见那日，便似故人。

月色下，把酒言欢，时光无比温软。

经历了许多冷暖自知的岁月，遇见他，你便将其认作归途。你愿意随了他，走过红尘岁月，风雨荆棘也好，粗茶淡饭也好，你都愿意。只是，赎身需要大笔赎金，这对于侯方域可谓天文数字。

此时，那个叫阮大铖的人介入了你的赎身之事。为了拉拢侯方域，阮大铖将大笔银子托侯方域的好友杨龙友交给了他。阮大铖其人，为人阴险，曾为魏忠贤的爪牙。后来，崇祯帝即位后，魏忠贤阉党被铲除，阮大铖也被削职。

不管怎样，你终于重获自由。为你赎身后，侯方域送给你一把精美的折扇。南京城里，你们携手而行，羡煞旁人。才子红颜，走在陌上，就像一幅画。

不久后，侯方域得知为你赎身的钱来自阮大铖。他不屑与阮大铖之流为伍，决定将钱还给后者。你看出了他的心事，变卖了许多首饰，总算凑够了钱。为了爱，你可以无怨无悔地付出。只是，收到那笔钱的时候，阮大铖甚是愤怒，从此怀恨在心。

你二十一岁那年，大明王朝覆灭。变乱之中，无数人失节，投降了清廷。少数人则背着一座沉重的墓碑，在南京为大明招魂。他们建立了南明政权，在南方进行抗清活动。善于钻营的阮大铖，在南明朝廷做了兵部尚书。许多忠正之人受到了他的打击，侯方域危在旦夕。没办法，你只好送侯方域离开南京，去别处避难。

香君，人们总说，来日方长。

但是，很多时候，一别便是关山迢递，音信杳然。

乱世之中，你和那深情与之的男子再未重逢。

侯方域走后，你闭门谢客，过着凄凉的日子。春花秋月，都变得索然无味。很多日子，你手捧那把折扇，就像捧着爱人的手。入骨的相思，让你日渐憔悴。

此时，备受弘光皇帝倚仗的田仰久闻你的芳名，想要一睹芳泽。阮大铖乘机怂恿，让田仰娶你为妾。那日，一群人抬着聘礼，吹吹打打地来到你的小楼。当你知道他们的来意后，立即严词拒绝。而且，你下定决心以死相抗。田仰见你态度强硬，还想强娶。你手握那把折扇，猛地撞向了栏杆，没有丝毫迟疑。娶亲的人见状，带着惊愕怏怏地离去了。

那拼死的一撞，让无数苟且偷生的人汗颜。

那一刻，低贱与高贵的定义，被撞得七零八碎。

幸运的是，你并没有死。你的鲜血溅到了那把折扇上，似一朵桃花。在大明王朝最后苍白的脸上，这把桃花扇就像一颗红痣，极为醒目。你用鲜血告诉那些软弱的士大夫，还有一种叫骨气的东西，比生命更重要。

后来，你捧着那把折扇，思念着侯方域。扇面上那朵血染的桃花，则冷冷地看着那个世界。不远处的扬州城里，史可法带着几千兵马死守，守着大明王朝最后的尊严。

但你的悲剧并未结束。后来，阮大铖借着天子的名义将你征入了宫中。你无计可施，带着那把桃花扇入了宫。你看到，那个气若游丝的王朝，还有着歌舞升平的画面。再后来，孱弱的南明朝廷被清军踩碎，许多臣子投入了清廷的怀抱。风骨二字，少有人记得。

南京城破那晚，你趁着夜色逃出了皇宫。你多希望，那个叫侯方域的男子在你身边，给你支撑和守护。其实，那个夜晚，侯方域曾去南京城寻你，你们曾无比接近。然而，在纷乱的人群中，你们终是错过了。

香君，我能想见那夜你的绝望。

那情景，就仿佛一个人行走于长夜，不见灯火。

乱世之中，你如浮萍般，不知寄身何处。

后来，你带着那把折扇去了苏州。你在好友卞玉京处安顿了下来。日子虽然清贫，倒也风雨不惊。你仍旧时常手捧那把折扇，思念着侯方域。

其实，侯方域对你亦是日日思念。在那晚错过你之后，他流落江南，生活甚是凄凉。顺治八年（1651），他违心参加了乡试。其后，觉得自己对大明有愧，将书房更名为“壮悔堂”。三十七岁那年冬天，他怀着郁悒和对你的思念，离开了人世。他不知道的是，你也在那年因病离世。

在度过几年的素净日子后，你患上了肺痨。曾经的倾世红颜，此时只剩憔悴。后来，你开始咳血，身体每况愈下，终于到了人生的尽头。倘若有轮回，那么香君，我希望你一生所受的苦难，能换得来生幸福安乐。

三十一岁，你默然离开人世。临终前，你还握着那把桃花扇，念着侯方域的名字，希望他为大明守节。他虽参加了清廷的科举，但很快便无比懊悔。想必，你泉下有知，亦能够原谅他。

后来，孔尚任将你们的故事写成了剧本《桃花扇》。正因这剧本，我知道了你的名字，了解了你的人生。三百多年过去了，秦淮河的水依旧悠然地流着，关于桃花扇的故事也被人们说着。但你，早已不在。

故事里，小楼之上，明月如诗。才子佳人吟诗作赋、煮酒烹茶。突然，马蹄声四起，一个王朝被踩碎。而你们的故事，在战乱中成了一段往事。后来的许多日子，你只能在这往事和那把折扇里寻得几许温暖。

香君，走的时候，你是否带走了那把桃花扇？

又或是，你把它留在了世间？

【人物简介】

李香君（1624—1654），有“香扇坠”之称。因家道中落而流落风尘，为“秦淮八艳”之一。容貌清丽，玲珑可人。诗词音律，无所不精，尤其擅长琵琶。清代文学家孔尚任的《桃花扇》，演绎了李香君与侯方域的爱情故事。

董小宛

从风尘岁月
到烟火生活

【清平乐】

一生多舛，明月常相伴。
相遇相知成缱绻，岭外马蹄声乱。
黄花绿蚁红颜，人间有味清欢。
已付琴书烟火，可怜花落流年。

小宛：

人们说，你便是顺治帝最爱的董鄂氏。

人们说，因你早逝，顺治帝悲痛欲绝，于是出家为僧。

但其实，你与顺治帝并无瓜葛。你离世的时候，他才十四岁。那个受顺治帝宠爱的董鄂氏为满族人，并非来自江南。那些所谓的疑案，不过是世人的猜想而已。

二十一岁那年，李自成攻占了北京，清军入关南下，江南也被战火烧得满目疮痍。你原本安适的生活突然只剩萧索与流离。你寄身其中的冒家，丧失了几乎所有的家产，在战乱中勉强维持着生计。

日子渐渐明朗的时候，你深爱着的冒辟疆却病倒了。下痢腹痛兼疟疾，将他折磨得不成人形。在他生病期间，你日夜守护，不敢有丝毫疏忽。数月之后，他的病情终于好转。然而，劳累过度的你已是骨瘦如柴。

不久后，冒辟疆又生了两次病，一次是胃病出血，一次是背上生疽。你仍是无微不至地照顾着他，他疼痛难忍，无法仰卧，你便抱着他，让他靠在你身上入睡，你自己坐着睡觉，就这样过了数月。

后来，冒辟疆病愈，你却病倒了。柔弱的你，为了照顾心爱之人，耗尽了最后的力气。二十八岁，你带着对冒辟疆和尘世的深情离开了人世。临终前，你定会想起那些素净而清雅的日子。可惜，岁月赐予你的美好太短暂。

多舛的人生里，你做到了坚强。

在许多人的记忆里，你是一个美丽而诗意的女子。

你离去后，冒辟疆痛彻心扉，不枉你爱他一场。

小宛，在我的印象中，你是个清丽温婉、翩若惊鸿的女子，于诗词书画无所不精，也喜欢抚琴。那些年，你在你的小楼上，与潇洒俊逸的才子把酒言欢。你冷傲孤绝，将许多庸俗之人拒之门外。独自的时候，你喜欢抚琴写诗，为了窗前的明月。你在诗中写道："稠烟迷望不能空，满地犹含绿草风。乱竹繁枝多少意，满园花落忆春中。"

那琴声里，有你的悲伤与欢喜，也有你明媚的童年。你生于苏州，家里开有绣庄，衣食无忧。你天生聪慧，因此在你很小的时候，曾是秀才的父亲便教你读书识字，还请人教你弹琴。十几岁的时候，你已精通写诗弹琴。

然而，生活却突然变了色彩。父亲因病离世，留下你和母亲相依为命。我在想，假如不是父亲早逝，若干年后，你或许会寻得一个温雅多才的男子，过简单而不失意趣的生活。但世事无常，人们的梦想总会突然被打碎。

生活，像一个慈眉善目的老者。

但他，又是一个天真的顽童，喜欢作弄世人。

他喜欢用手中的笔，在我们前行的路上，画下荆棘风雨。

而我们，对于生活的作弄无计可施。

父亲离世后，你和母亲在半塘筑起一座小楼，住了进去。绣庄的生意则交给伙计打理。半塘环境幽美，你喜欢与清风明月相对，也喜欢与烟雨草木为友。你用琴声与诗意，酬谢山水云月。

那时候，大明江山已是风雨飘摇，各地义军啸聚山林，还有后金不断侵扰。在时光日渐凌乱的时候，绣庄伙计趁火打劫，卷走了财物，还给你和母亲留下一笔债。母亲因此患病，为了生计，你来到了秦淮河畔，加入了教坊司乐籍，成了一个风尘女子。

在大明江山即将崩塌的时候，秦淮河畔依旧无比繁华。无数明眸善睐的女子在灯火迷离的地方招徕客人。你性格冷傲，不喜喧哗，更不喜虚与委蛇，所以与那个倚门卖笑的地方格格不入。你在为风雅之人抚琴的同时，也拒绝了许多只为寻欢作乐而来的低俗之人。显然，孤傲的你难容于欢场。最后，你离开了南京，回到了苏州半塘。

此时，母亲仍在病中。生活无着，你只能重操旧业。在生活的压力面前，孤清的你不得不学着逢场作戏、强颜欢笑。有时候，你也会应一些文人雅士之邀，出游山水之间。你喜爱山水，所以那样的邀请你很少拒绝。面对湖山风月，你仍是那个抚琴写诗的清丽女子。而那些文人雅士对你也多有欣赏和怜惜。

那时候，太湖、西湖等地常有你的身影。曾邀你出游的文人吴梅村写了两首诗赠你，他说，“珍珠无价玉无瑕，小字贪看问妾家。”他说：“细縠春郊斗画裙，卷帘都道不如君。”这样的才子，是你欣赏的。

我喜欢那样的画面，烟雨之中，扁舟一叶，舟上清扬婉兮的女子弹着琴，几分惆怅，几分悠然。而你，就曾是这画面里的女子。于你，明山净水俱是故人。身在风尘之中，却将日子过得诗情画意，这就是你。世人的指斥与鄙薄，你都不屑。独坐枫林，你也曾落笔成诗，你说：“独坐枫林下，云峰映落晖。松径丹霞染，幽壑白云归。”

小宛，我知道，在那些逢场作戏的日子里，你一直在等待一个风雅深情的男子。你希望他乘月而来，在灯火下与你把酒成欢。你希望，他能懂你琴声里的悲喜。

十六岁那年，你等待已久的才子终于翩然而至。他便是明复社“四公子”之一的冒辟疆。那是个寻常的秋日，他蓦然而来，像一颗石子，在你平静的心湖激起了涟漪。许多所谓的文人墨客都难入你的眼。但是，这个叫冒辟疆的男子，却让你一见倾心。

冒辟疆极具才华、俊逸飘洒，且为人正直。他的才名和性情，你早有耳闻。事实上，他也听人说起过你。相见之前，他已数次去寻访你。那年，他前往南京参加乡试，再度落第。失落之余，他去秦淮河畔寻你，彼时的你已不在南京。后来，他来到苏州，听闻你在半塘，又来寻你，你已应邀出游。在几次寻访无果之后，终于在那个秋日遇见了你。

在他眼中，你虽身在风尘，却是清丽脱俗，人淡如菊，他不禁怦然心动。那日，你们品茗倾谈许久。闲谈之中，你们纵论今古，也针砭时弊。你见解独到，他甚是惊讶，对你也更多了几分欣赏。

一场相逢，在暮色下开始。

仿佛早已注定，却又像是偶然。

那日，你在月下送他离开，几分依依不舍。

只是，此后两年，冒辟疆数次来到苏州，竟未能与你重逢。事实上，你对他的感觉，早已从仰慕变成了喜欢。只是，适逢凑巧，两年未能相遇。可以确定的是，那两年，你们都在思念着对方。

你十九岁那年秋天，母亲离世。你身影寥落，无枝可依。那时候，你的诗里尽是愁绪。比如：“幽草凄凄绿上尚柔，桂花狼藉闭深楼。

银光不足供吟赏，书破芭蕉几叶秋。”比如：“小庭如水月明秋，天远窗虚人自愁。多少深思书不尽，要知都在我心头。”

清冷的季节，一叶扁舟来到了你的小楼前。扁舟上的人敲开了你的门。四目相对，两心欢喜。他正是你日思夜想的冒辟疆。漫长的等待后终于重逢，你黯淡的心事顿时无比明朗。那夜，秋月无边，你们秉烛倾谈了很久。

无须说明，你们已明白彼此的心事。冒辟疆决定带你回如皋故里。只是，你名动苏州，为你赎身是一件棘手的事。幸好，不久后旧日姐妹柳如是偕同钱谦益来到苏州，经钱谦益出面，你终获自由身。

春江水暖的日子，你已在如皋过上了恬静安适的生活。从风尘中走出，你仍是从前那个诗情画意的女子。虽为妾室，但你温婉可人、知书达礼，得到了冒家人的尊重。冒辟疆的原配妻子体弱多病，你便承担起了打理家事的责任。

你深爱着冒辟疆，所以愿意随他过烟火日子，不管富贵清贫。家事之外，你与那心爱的男子过着才子佳人的生活。他读书，你便为他红袖添香；你抚琴，他便静坐倾听。他著书立说，你为他查找资料。有时候，他在著书，你就在旁边练字。当然，你们也喜欢莳花种草、弹琴赋诗。偶尔，你们在月光下背诵诗词，像两个天真的孩子。

战乱后，生活虽然清苦，但你们仍旧尽量寻找诗意，让寂静的生活不失意趣。可惜，小宛，生活对你太过凉薄。二十八岁，你带着无限的不舍离开了人世。三百多年后，想起温婉的你，我仍会心疼。

在你离开后的许多日子里，冒辟疆都无比悲伤。忆起他在病中时你无微不至的照顾，他一次次黯然神伤。看着你种下的花、写下的诗，他总觉得一切都像是一场梦。但他，也只能将悲伤诉诸文字，他说：“饮离杯，歌离愁，诉离情。是谁谱掠水鸿惊。”他说：“江南冬暮，怅年年雪冷风清。故人天际，问谁来同慰飘零？”

后来，他将你们的故事写成了一本《影梅庵忆语》，清丽的文字里满含着悲伤。可以说，那是他的泣血之作。往事宛然如初，但那个温婉如玉的你早已去远。

你从青楼走出，却似从未去过那里。

三百多年后，远远望去，你仍在山水之间，扁舟一叶。

突然，你回到了田园，与心爱的人赌书泼茶。

小宛，红尘有过你，是红尘的幸事。

【人物简介】

董小宛（1624—1651），名白，字青莲。因家道中落而沦落风尘，为“秦淮八艳”之一。性情孤傲，能诗善画，尤擅抚琴。喜爱山水，不喜喧嚷。后嫁与冒辟疆为妾，日子清贫而素雅。二十八岁因病离世。在她离世后，冒辟疆写有《影梅庵忆语》，追忆他们的生活。

董小宛

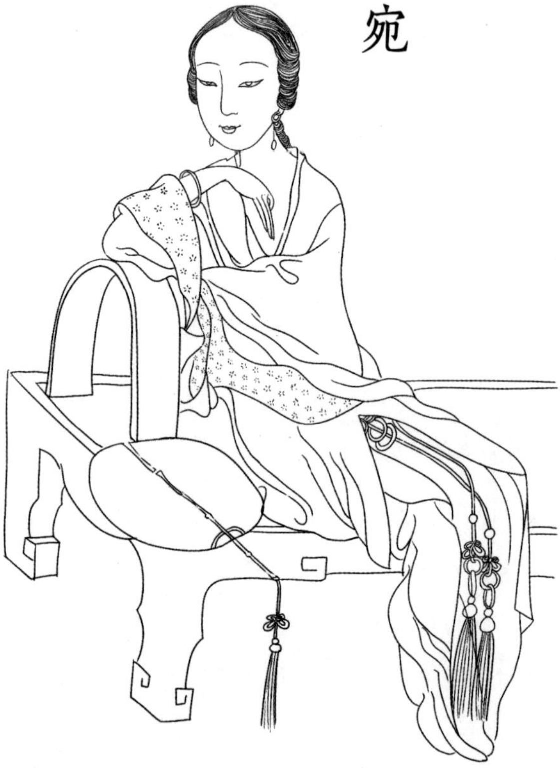

玄烨

向天再借五百年

【寄康熙帝】

海晏河清始展颜，江山万里独凭栏。
削藩只为人间定，平乱但求天下安。
莫道清风能解意，应知高处不胜寒。
皇图霸业终如梦，何必再赊五百年。

康熙皇帝：

六十九岁，你于畅春园离世。

你在位六十一年，时间之久，几千年无人能及。

人都说，天子是孤家寡人。那些君临天下、高处不胜寒的日子，你是否曾想过，作为天子，身系天下安危、黎民苦乐，实在太累，也太伤神，倒不如做个寻常之人，于平静安适中度过此生？你是否想过，如陶渊明那样，于山水田园之间饮酒写诗，才是真正的生活？

有人说，暮年的你多病，终于不治而逝；也有人说，你离世的那晚，畅春园里有不安之状及呼喊之声，认为你即使不是被投毒，也是死于突发事件。还有人煞有其事地说，那晚四皇子胤禛进了一碗参汤，不久后你便驾崩了，于是人们认为，你是被胤禛鸩杀的。种种说法不过是猜测，真相已被岁月掩藏。

知道的是，在你离世后，胤禛即位，从你手中接过了万里江山。十余年后，你的孙子弘历即位。大清王朝自你开始，鼎盛一百三十多年，被称作“康乾盛世”。你若地下有知，应该会感到欣慰。

你虽离世，但岁月始终记得你。

威武雄壮，气宇非凡，目光如炬，这便是你。

独立江山之巅，你孤独而又霸气。

关于历代天子，我能轻易想起汉武帝、唐太宗、宋太祖，能想到残暴荒淫的隋炀帝，贪图享乐的宋徽宗，也能想到叹息着“独自莫凭栏，无限江山”的李后主。然后，蓦然，我看到了你的身影，雄姿英发、俯视苍生。三百多年了，你始终立在那里，任凭风吹雨打，始终是笑傲天下的模样。

三百年，有过山河破碎，有过战火纷飞，有过民不聊生。

所幸，如今的天下，较之从前更为强盛。

你出生后，顺治帝宠爱董鄂氏，对你的母亲甚是冷淡，也因此对你关爱甚少。那时候，天花病毒在北方蔓延，据说顺治帝生有八位皇子、六位公主，竟有四位皇子和五位公主因天花而死。你出生未久，也染上了天花。于是，你被送到紫禁城外抚养。未能承欢于父母膝下，是你一生的遗憾。

你天生聪颖，仪表非凡。五岁开始读书，你极是刻苦。六岁时，你与众兄弟前去给父亲请安，顺治帝问你们各自的理想，只有你表达了想做帝王的宏愿。年岁渐长，你读的书越来越广，可谓手不释卷、废寝忘食。

八岁那年，你登上了帝位。关于顺治帝，有人说他因病离世，有人说他因深爱的董鄂氏离世而看破红尘，于是出家为僧。不管怎样，那年他将一个并不安定的天下交给了你。立于万里河山之巅，八岁的你有几分茫然。但你心里笃定，定要让这江山安定强盛。

十岁那年，母亲病重，你衣不解带日夜守在身边。但是最后，她还是离开了人世。三年之内连续失去父母，你无比悲伤。但你知道，你要守护父亲留下的万里江山，不能沉湎于悲伤。此时的你，仍在勤奋读书，学习帝王之道。

读书的同时，你也学习骑射。据说，你曾在马上连发三箭，皆穿过山峰之顶，此山因此被命名为“三箭山”。终你一生，射杀的虎狼熊豹有数百只，还曾一日之内射兔三百余只。

那时，顺治帝留给你的四位辅政大臣渐生龃龉。尤其是鳌拜，日渐骄横无礼，有只手遮天之野心。你十四岁那年，辅政大臣索尼离世。不久后，你正式亲政。然而，仅过了十日，辅政大臣苏克萨哈为鳌拜所杀。此后，鳌拜更是有恃无恐。

对于鳌拜的擅权，你早已看在眼里。所以，你在暗中训练了一群少年侍卫。那日，鳌拜觐见，你让侍卫趁机逮捕了他，其后历数其重罪数十条。但念其有功，只是将其拘禁，而其党羽则尽数被诛。与鳌拜沆瀣一气的辅政大臣遏必隆被削去太师之职。

玄烨，你行事从来都是雷厉风行。

作为帝王，守土安民，你具备该有的果敢与狠辣。

十六岁，你终于真正做到了君临天下。

不过，此时的天下有许多的隐患。作为皇帝，你必须将这些隐患扫除，才能实现河清海晏、国富民强。二十岁那年，关于是否撤藩的争论甚嚣尘上。而你熟读历史，深知安史之乱后的大唐王朝因藩镇割据严重，渐成尾大不掉之势。大唐的覆灭，藩镇割据是一个重要的因素。因此，对拥兵自重的藩镇，你的态度十分强硬，那便是撤藩。

那年初冬，平西王吴三桂打着反清复明的旗号率先起兵。不久后，福建的耿精忠和广东的尚之信也相继叛变，四川、广西、陕西、甘肃等地也有人参与叛乱。很快，叛军占领了不少州县。在大臣们还在争论不休的时候，你下旨征讨。五年后，吴三桂病死。八年后，三藩叛乱平定。

你的江山，不许任何人染指。

你要的，是山河安定之后，独立江山之巅。

那时候，你像个看风景的人。

平定三藩后，你决定收复台湾。你二十八岁那年，郑成功之子郑经病故，十二岁的郑克塽继承延平王位，君臣离心。见时机成熟，康熙二十二年（1683）的你下令攻打并一举收复了台湾，在那里设置府县，由福建省管辖。

收复台湾之后，多年侵扰东北的沙俄军队成了你的心腹大患。自清军入关，他们常在黑龙江流域肆意劫掠。三十二岁那年，你命令都统彭春前往瑷珲，在雅克萨城大败沙俄军。半年后，沙俄军再度侵占雅克萨。对于俄军的侵略，你已忍无可忍。次年初，你下令攻打沙俄军，取得了雅克萨之战的胜利，歼灭沙俄军近千人。数年后，大清与沙俄签订了《尼布楚条约》，确定黑龙江以北，外兴安岭以南和乌苏里江以东地区主权属于大清。

你三十四岁那年，蒙古准噶尔部领袖噶尔丹在沙俄的挑唆下，攻打早已降清的蒙古喀尔喀部。喀尔喀部向大清求助。你责令噶尔丹退兵，没想到嚣张跋扈的噶尔丹不予理睬，率兵进入了乌珠穆沁境内。于是，你派兵迎击，大败准噶尔军。自负的噶尔丹不投降，你又下诏亲征。噶尔丹死后，漠北喀尔喀等地纳入大清版图。

征伐结束后，你遥望江山。

突然觉得，万里河山，竟然装不下你的孤独。

终究，越是威武的天子，就越是孤独。

河山安定以后，你有了几许闲情。那些年，你也曾游走于山水之间。所到之处，你喜欢写诗寄情。那时候，你是个文雅的诗人。登临澄海楼，你说：“仙客钓鳌非我意，凭轩帷是羡安流。”经过弹琴峡，你说：“曲度泉归壑，声兼峡泛吟。空山传逸响，终古奏清音。”步入灵隐寺，你说：“梵宇盘空出，香云绕地多。开襟对层碧，下马抚烟萝。”经过天宁寺，你说：“小艇沿流画桨轻，鹿园钟磬有余清。门前一带邗沟水，脉脉常含万古情。”

游赏归来，你时常惦记黎民的忧乐。因为你很清楚，民心乃是国家之本，许多王朝最后覆亡，就是因为失去了民心。印象中的你，威武煊赫，征伐无数。但你的心里，始终有着天子必有的慈悲。

二十六岁那年冬天，数月无雪，你甚是忧心。终于，某日天降大雪，你写了首《春雪》：“三冬望雪意殷殷，积素春来乱玉纹。农事东畴堪播植，勤民方不愧为君。”你知道，爱民如子，才无愧天子二字。

三十一岁，你在南巡时写了首诗，满含着对民生疾苦的关心：“东来端为重民生，不事汾阴泰畤名。井里俨存齐国俗，田畴还忆历山耕。暂宽羽骑钩陈卫，一任村童野老迎。敢道迩言勤访察，止期治理得舆情。”临终那年，你还写诗说：“不误农桑事，须轻内外徭。”

玄烨，你的文治武功、雄才大略，纵观几千年历史少有人能及。尽管如此，世人还是对你有所指摘。人们说，你晚年懈怠朝政，以致贪赃枉法之事频发；人们说，你为了控制臣民，大兴文字狱，蒙冤受屈者不少。当然，在你暮年发生的“九子夺嫡”之事，人们也认为你有不可推卸的责任。

然而，瑕不掩瑜，你仍是震慑今古的帝王。在位六十一年，大清王朝终呈鼎盛之势。所谓“康乾盛世”，其实是你一手缔造的。应该说，你是古今罕见的治国奇才。所以，你虽已去远，岁月却始终记着你的英姿。

玄烨，如果可以，你是否愿意向天再借五百年，继续立在山河之巅？又或是，做天子多年，你已看透世事，明白皇图霸业终是一场空，所以只愿做个平凡之人？

三百年了，你始终立在最高处。

人们只看到你的威武煊赫，却不懂你的孤独。

身为天子，想必你也悲凉过。

【人物简介】

玄烨（1654—1722），姓爱新觉罗，庙号圣祖，清朝第四位皇帝，又称康熙皇帝。他在位六十一年，其间铲除鳌拜、平定三藩、收复台湾、击败沙俄入侵者、三征噶尔丹，功勋卓著，开创了“康乾盛世”。

玄烨

纳兰容若

当时只道是寻常

【清平乐】

深情一片，独立斜阳晚。
堪叹湔裙幽梦断，烂醉也无人管。
前缘欲续应难，可怜天上人间。
欹枕小楼无语，月弯恰似眉弯。

容若：

若干年前，我曾游赏于紫禁城。

我在熙熙攘攘的人群里，想象你当年的模样。

那时候，青梅竹马的表妹被选入宫中，成了宫女。白衣胜雪的你，日日忍受着相思的煎熬。从前，她时常伴你读书，也时常与你谈笑。你曾想过娶她为妻，无奈父母不允。终于有一天，你决定冒险入宫。尽管你知道，进入皇宫，也未必能见到表妹。

那日，皇宫里大办道场，你买通了一个喇嘛，以一身僧人装扮进入了皇宫。你混在操办法事的人群中，暗自祈祷能得见表妹。蓦然，你看见远处有一个身影，虽然隔得很远，但你确定那就是表妹。她的身姿与神情，你无比熟悉。此时，她也发现了你，彼此相望，却不能有只言片语的交流。片刻之后，表妹离开了，走得很慢。你知道，她无限不舍。转过回廊的时候，她似乎是故意，叩了叩鬟上的玉钗。

回到家里，你心潮起伏，忆起相见的情景，写了首《减字木兰花》：“相逢不语，一朵芙蓉著秋雨。小晕红潮，斜溜鬟心只凤翘。待将低唤，直为凝情恐人见。欲诉幽怀，转过回阑叩玉钗。”转过回廊叩玉钗，为你们的青春往事做了结。

表妹是个明丽的女子，你们暗生情愫。

但她被选入宫中，宫门一入深似海，从此萧郎是路人。

每每念及表妹，你都会黯然伤神。

后来，你成了康熙帝的侍卫，经常出入紫禁城，却终是无缘得见表妹。咫尺天涯，却好似关山难越。或许，你宁愿表妹远嫁他方，音书难递。很无奈，一场相逢，到最后竟是：一生一代一双人，争教两处销魂。

容若，我曾经捧着一卷《纳兰词》独坐斜阳。然后，我看到了那首《浣溪沙》，那时的你沉思往事，独立残阳，写下了这样的词句："被酒莫惊春睡重，赌书消得泼茶香。当时只道是寻常。"当时只道是寻常，我不禁一凛。只这一句，便道尽了人间的聚散无常。后来，也总有人在经历离别时说起这句。只是，没有人能如你那般深情，也没有谁能如你那般肝肠寸断。

你说，非文人不能多情，非才子不能善怨，我深以为然。妻子离世，你饮着浊酒填词，满纸尽是凄凉。你说："半世浮萍随逝水，一宵冷雨葬名花。魂似柳绵吹欲碎，绕天涯。"你说："人到情多情转薄，而今真个悔多情。又到断肠回首处，泪偷零。"你说："青衫湿遍，凭伊慰我，忍便相忘。"

二十岁那年，你娶了卢氏为妻。你们年岁相当，志趣相投。新婚当晚，红烛之下，你们相对无语，无声胜有声。你写词说"相看好处却无言"。两情相悦，无言也默契。

你说："谁怜辛苦东阳瘦，也为春慵。不及芙蓉，一片幽情冷处浓。"你的冷暖悲喜，妻子都知道。你发誓，要与这温婉知性的女子携手到老。人们说，斯人若彩虹，遇见方知有。对你来说，与卢氏相遇，便是如此。

然而，仅过了三年，你们的幸福就被生活踩碎了。那年四月，你们的孩子出生。一个月后，妻子因病离世，年仅二十一岁。三年的幸福，画上了句号。她是你生命中最美的风景，从那日开始，你的生活里尽是风雨凄凄。

许多日子，你心如刀绞。

容若，我知道，妻子离世，你的心成了一座空城。

你不敢回忆往事，却又忍不住回忆。

无论如何，那女子已去，天上人间遍寻不着。你只能和泪落笔，将一腔悲伤诉诸文字。往事里头，有折技花样画罗裙，有鸳鸯小字手生疏，还有红笺向壁字模糊，共灯前呵手为伊书。

往事越是温暖，现实就越是凄凉。此后多年，直到离世，你都在为妻子填词。你说："若似月轮终皎洁，不辞冰雪为卿热。"你说："唱罢秋坟愁未歇，春丛认取双栖蝶。"你说："湔裙梦断续应难。西风多少恨，吹不散眉弯。"

元好问在那首《摸鱼儿•雁丘词》中写道："问世间、情为何物，直教生死相许？天南地北双飞客，老翅几回寒暑。欢乐趣，离别苦，就中更有痴儿女。君应有语：渺万里层云，千山暮雪，只影向谁去？"

千山暮雪，只影向谁去。

许多年，你都在问自己，也问岁月。

容若，我欣赏你的深情，也喜欢你单纯率真的性格。你虽生于簪缨之家，父亲曾权倾朝野，但你对仕途了无兴致，只想做个寻常之人，纵情于山水诗酒。你喜欢，三五知己，流连山水，浅斟低唱。你结交的大都是落拓风雅的江南才子，比如顾贞观、朱彝尊、严绳孙、姜宸英。你之交友，只要性情相投，不问高低贵贱。

那年，四十四岁的朱彝尊带着一本《江湖载酒集》入京。他在一首《百字令》里写道："滔滔天下，不知知己谁是。"夜月之下，你在那首《浣溪沙》中写道："我是人间惆怅客，知君何事泪纵横。断肠声里忆平生。"不久后，他遇见了十八岁的你，一见如故。你们成了知己，时常把酒酬唱，倾谈世事。

二十二岁那年，你结识了另一个知己，无锡顾贞观。虽然他年长你十八岁，但因为都是性情旷逸之人，你们相见恨晚。你在那首《金缕曲·赠梁汾》中写道："共君此夜须沉醉。且由他、蛾眉谣诼，古今同忌。身世悠悠何足问，冷笑置之而已。"你还说，若有来生，但愿还能与他做知己。光风霁月的你们，也常把酒言欢、秉烛倾谈。

对朋友，你始终是一腔热忱，不惜两肋插刀。

对你来说，朋友二字就意味着一片赤诚、肝胆相照。

好友姜宸英落榜后生活困窘，你立即伸出援手，解决了他的生计难题。你在安慰他的词里写道："须不羡、承明班列，马迹车尘忙未了，任西风吹冷长安月。"你漠视功名，因此也劝慰好友，莫要热衷于求取功名。

顾贞观入京，是为了搭救多年前因科场案被流放宁古塔的好友吴兆骞。为了搭救好友，他已奔走十八年。认识你之后，他把此事告诉了你。你立即答应想办法营救吴兆骞。在你看来，吴兆骞既然是顾贞观的好友，也便是你的好友。你总是这样，愿意与朋友祸福与共。

那日，你说用十年时间救吴兆骞出来。但顾贞观心知，宁古塔为苦寒之地，吴兆骞是否能再熬十年，实在难说。于是，他希望你能在五年内救出吴兆骞。你知道此事非常棘手，但最终还是答应了，你在寄给顾贞观的那首《金缕曲》中说："绝塞生还吴季子，算眼前、此外皆闲事。知我者，梁汾耳。"

容若，我喜欢你深情中的侠气。

为了朋友，你愿意跋山涉水，甚至赴汤蹈火。

五年后，吴兆骞果然回到了京城。

可惜，经历多年的苦寒生活，吴兆骞身体很是虚弱，三年后病故于京城。你为其料理后事，还出资将其灵柩送回了吴江故里。朋友二字，你一生都不曾辜负。

三十岁，你结识了江南才女沈宛。冬天，落雪无声，她出现在你面前，如一幅画。在与顾贞观的往来信件中，你们多次提到沈宛。而沈宛，早已将你的词抄录成册，日日品读，为你的深情而感动。这个女子，成了你生命中最后一抹嫣红。你填词说："可耐暮寒长倚竹，便教春好不开门。枇杷花底校书人。"在你看来，沈宛才情不输才女薛涛。

沈宛知道，你已奉父母之命续弦；她也清楚，你最深的情感已付与了结发妻子。但她还是愿意伴在你身边，给你几许温暖。德胜门的那座别院里，你们也曾围炉闲坐、诗酒流连。后来，沈宛发现，她成了你和家人之间的障碍，懂事的她选择回到江南。那个春日，梨花满地，杜鹃啼血。你把酒填词，满是悲伤。你说："急雪乍翻香阁絮，轻风吹到胆瓶梅。心字已成灰。"你说："别自有人桃叶渡，扁舟，一种烟波各自愁。"

后来，才子佳人的故事，终于成了往事。

德胜门那座别院，已是荒草丛生。

三十一岁，你因病离开了尘世。不久之前，你还在渌水亭与顾贞观、姜宸英等人把酒吟唱。那日的你，依旧谈笑风生。然而，次日你就病倒了，七日后便匆忙离世。许是太多的悲伤，给你的生命留下了太多的伤痕。或许可以说，你是为情而生，亦为情而死。

在你离世后，顾贞观悲痛许久，次年回到了无锡，从此隐于山水，不问世事。而你的好友姜宸英，悲痛欲绝，数日茶饭不思，泪眼模糊。你虽已离去，但你的音容笑貌，他们多年后仍旧记得。只是，渌水亭的诗酒往事，再无续集。

遥远的江南，小楼之上，沈宛倚窗回忆着往事。一卷《饮水词》，是她最后的栖居之所。她不曾忘记，一个叫纳兰容若的男子，给过她温暖。那句“人生若只如初见”，她品读了千百次。那时候，你已离去多年。

容若，岁月深处，你始终像个天真的孩子。

你喜欢清静，但你也喜欢与三五知己浅斟低唱。

而我，总希望自己是你知己中的一个。

【人物简介】

纳兰容若（1655—1685），名性德，号楞伽山人。清初著名词人。文武兼修，二十二岁进士及第，曾为康熙帝侍卫，多次扈从出巡。性情率真坦荡，喜结交文人雅士。有《饮水词》《通志堂集》等留世。

纳兰容若

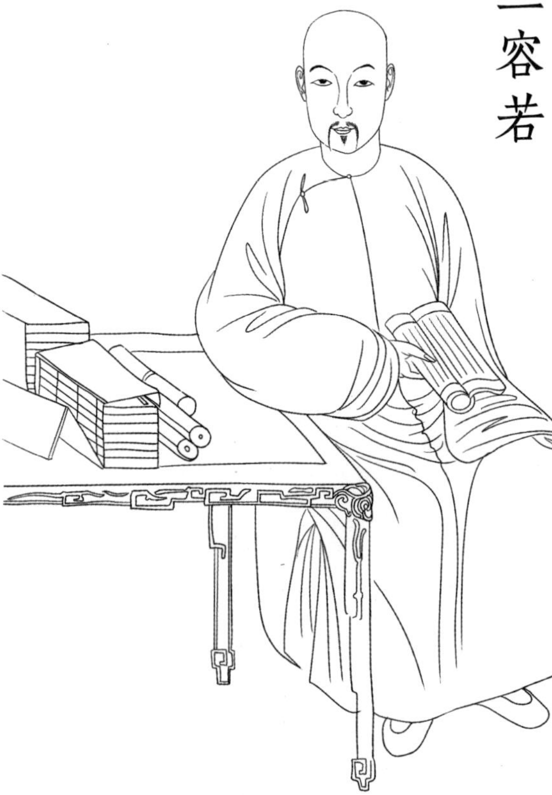

仓央嘉措

世间最美的情郎

【寄仓央嘉措】

浮生如梦意何如，万事不如酒一壶。
湖山天地来如去，聚散是非有亦无。
秉烛应知风月冷，坐禅也叹雪山孤。
欲知此后归何处，月明试问青海湖。

仓央嘉措：

那年，青海湖畔，你英年早逝。

二十四岁，在被押解至京的途中，你猝然离世。

不过，也有人说，那日你并没有死，而是施展秘术远遁而去。据说，遁走后的你，曾去过北京，遇见了被押解到那里的桑结嘉措的子女和下属们，他们带去的一条狗认出了你，跑过去叼住你的衣角，极是亲热。人们说，后来多年，你云游四方，度化众生，最后在阿拉善圆寂。

来得悄然，去得寂静，这便是你。

许多年后，人间仍有你的故事，让人们猜了又猜。

那日，你独坐青海湖畔。你总觉得，青海湖或许是某个深情之人留下的一滴泪。三百多年后，时光扫过青海湖，二十四岁的你就坐在那里，清澈的目光望过去，尽是自己十九岁的身影。那时候，你在拉萨的人海中，悄然走入那家叫玛吉阿米的酒馆，吐气如兰的女子在那里等着，遇见你，她心花怒放。

月光之下，你们执手相看，喁喁私语。你希望执手终老，但她知道你的身份，说人生如梦来过就好。她有酒，你有诗，你们的故事叫作爱情。她在你怀里，默然欢喜。那夜，落雪如诗。但是不久后，你的世界里没有了那个女子。向来情深，奈何缘浅。

深邃的青海湖，懂你的深情。多年后，你只剩自己，在人间形单影只。你独坐湖畔，清澈的目光望过去，依稀是自己十五岁的模样。那年那日，你被无数人簇拥着，去到了拉萨，住进了布达拉宫。从此，你成了雪域最大的王。但是，布达拉宫的日子一潭死水，你在经卷佛火之侧无比苦闷。

那夜，月光之下，青海湖照着你的从前。十四岁的你在巴桑寺的后山，遇见那温柔可人的女孩。后来的许多日子，你们相约后山，尽情欢笑。春风十里，不如她笑靥如花。

更远的从前，你在故里门隅，少年不识愁滋味。那里，有风吹草低，有牛羊满地，就是没有喧嚷。人们说，远方有繁华。后来，你终于知道，远方除了遥远一无所有。

那夜，青海湖沉默如你。

不需言语，你们已知晓彼此的心事。

你愿意，在那清澈的湖水中，了断浮生。

仓央嘉措，数年前我曾去到拉萨，停留数日。在布达拉宫前，我徘徊许久，终于没有进去。我知道，三百多年前，你就在那里面，过着苦闷的日子。终于有一天，你走出了布达拉宫，走到了拉萨街头。你在诗里写道："拉萨的八廓街上，窗户比门还多；窗户里的姑娘，骨骼比肌肤还要轻柔。"

八廓街的玛吉阿米酒馆前，我曾伫立很久。我知道，你曾在夜色之下，在那里饮酒，遇见那个明媚的女子。你说，住进布达拉宫，你是雪域最大的王；流浪在拉萨街头，你是世间最美的情郎。

某个黄昏，你在小酒馆里饮酒，那女子翩然而至。不久后，你们目光相遇，惊鸿般的一瞥，便是故事的开始。那夜，你们在月下相邻而坐，相谈甚欢，像是久别重逢的故人。她叫达瓦卓玛，你们相逢恨晚。后来，你经常逃出布达拉宫，去她的住处，与她把酒言欢，私语缠绵，第巴·桑结嘉措屡次规劝皆无果。

可以说，在认识达瓦卓玛后，她便是你的全世界。你喜欢看她笑面如花，也喜欢听她静静地诉说心事。而她，知你的寂寞，懂你的荒凉。为了她，你甚至想过离开布达拉宫，做个平凡的人。为了她，你拒受比丘戒，说要还俗。

后来，你们的故事传得沸沸扬扬，终于被第巴桑结嘉措知道。人们都说，年轻的活佛，白天在布达拉宫学佛，夜晚则走在八廓街上，与心爱的女子缠绵，直到深夜才离开。第巴·桑结嘉措甚是愤怒，他知道该如何做。

那晚，你再次去达瓦卓玛的住处。你们仍似从前，相见甚欢，卿卿我我。你说，与有情人，做快乐事，别问是劫是缘。对你来说，这就是爱情的答案。但另一方面，你深受佛法浸染，不愿辜负佛祖。于是你总在想：世间安得双全法，不负如来不负卿。可惜，你始终未找到答案。

那个夜晚终于结束了。东方既白的时候，你离开了那间小屋，回到了布达拉宫。临别，你轻吻了达瓦卓玛。没想到，这一吻，竟是你们最后的温柔。那晚，雪下得很深。你回到布达拉宫的时候，留下了两排足印。不久之后，达瓦卓玛消失了。

那场夜雪，像是一首诀别诗。

那个凌晨，你们挥手作别，却再未相见。

你的世界，突然没有了光亮。

你觉得愧疚，深爱着那女子，却不能护她周全。你知道，她突然消失，定是第巴·桑结嘉措所为。既然如此，你便也知道，你的心上人不会再出现在你面前。她消失了，把世界的生动与明媚也带走了。你站在雪域之巅遥望红尘，只见一片荒芜。

仓央嘉措，我知道，如果可以，你只想做个平凡的人，在门隅的云天之下，放羊牧马，饮酒写诗。你希望，身边有个美丽恬淡的女子，伴你春秋冬夏。但是，人生中的许多愿望注定要落空。你被选作雪域最大的王，是无比的幸事，却也是最大的不幸。

对你来说，门隅仿佛桃花源。你或许曾想过，与那个叫仁增旺姆的女子携手红尘，白头到老。那时候，她如一朵格桑花，长在你的童年。你们时常形影相随，在门隅的小径和山坡上嬉笑玩耍。

你七岁那年，仁增旺姆随家人搬走，不知去了何方。没想到，若干年后，你们又在巴桑寺的后山蓦然重逢。看起来，上天待你们不薄。重逢那日，你们无比欢喜。此后每次相见，画面都无比温暖。分开后，你在思念里写诗，你说："在那东山顶上，升起皎洁的月亮，年轻姑娘的面容，浮现在我的心上。"很快，你们的心就被对方填满了。你们想过，伴着彼此，从青丝到白发。

有爱有诗，岁月素净而温柔。你写诗说："我和情人幽会，在南谷的密林深处，无人知晓，除了巧嘴的鹦鹉。饶舌的鹦鹉啊，可别向外面透露。"每次相会，几分温柔缠绵，几分提心吊胆。每次，月光下作别，你们都很是不舍。

你们说过，除非死别，绝不生离。

但生活不愿成全。后来的你们，终于各自天涯。

后来，你被带到了布达拉宫，与仁增旺姆隔了千山万水。很多日子，手捧着经卷，脑海里却全是她的身影。你写诗说："在看得见你的地方，我的眼睛和你在一起；在看不见你的地方，我的心和你在一起。”

远方的仁增旺姆，亦如你，在思念里受尽煎熬。她深知，你不会再回去，但她就是放不下。许多离别，看似寻常，却成了永别。后来，她终于知道，你不再独属于她，而是属于万千苍生。于是，通透的她尽管心痛无比，还是决定嫁人。她知道，曾经拥有，已是莫大的福分。她知道，只有她嫁人，你才能心无挂碍地面对天下苍生，面对心中的佛。

闻讯后，你无比悲伤。你写诗说：“最好不相见，如此便可不相恋；最好不相知，如此便可不相思；最好不相伴，如此便可不相欠；最好不相惜，如此便可不相忆；最好不相爱，如此便可不相弃……”

你说，安得与君相决绝，免教生死作相思。

爱情的最后，是一杯苦酒。

后来，身陷第巴·桑结嘉措与拉藏汗的争斗之中，你非常无奈。第巴·桑结嘉措死后，拉藏汗上书给康熙帝，说你是假活佛，要求将你严惩。于是，你被一路押着来到了青海湖畔。

青海湖的水，清澈如你的心。那晚，你们默然相对，便了解了各自的心事。清澈的湖水中，盛放着许多陈年旧事。你看着湖水，向往事一一作别。所有的爱恨纠葛，不过是一场长梦。离开的时候，你已放下一切，无比从容。

仓央嘉措，如果要寻你，我会去到青海湖畔。

那里，有一个世事了然的你。

【人物简介】

仓央嘉措（1683—1706），诗人，六世达赖喇嘛。风流不羁，曾说“住进布达拉宫，我是雪域最大的王；流浪在拉萨街头，我是世间最美的情郎”。十九岁时，深陷政治旋涡，四年后被废黜。二十四岁，死于青海湖畔。

朱彝尊

一世痴情一场梦

【清平乐】

雨中归棹，相看无人晓。
莫笑无缘归孔庙，往事唏嘘凭吊。
红尘半世徘徊，一生襟抱难开。
看断人生如梦，不删二百风怀。

锡鬯：

认识你，最初是因为容若。

在他的故事里，我看到了你的身影。

那年，四十四岁的你带着一本《江湖载酒集》入京。寥落半生，此番入京，有求取功名之意。但你也知道，这并非易事。你在那首《解珮令》里写道："落拓江湖，且分付、歌筵红粉。料封侯、白头无分。"四十四岁的你，早已经历了江湖夜雨。此次入京，风尘仆仆，只为寻个栖身之所。

半生落魄，知己寥寥。你写了首《百字令》，你说："四十无闻，一丘欲卧，漂泊今如此。田园何在，白头乱发垂耳。"你说："草屦捞虾，短衣射虎，足了平生事。滔滔天下，不知知己谁是。"

你不知道，在京城的繁华深处，一盏残灯下，一个十八岁的青年，正捧着一本《静志居琴趣》，感慨万千。那夜，他越读越感动，以至于不曾入眠。遥想你落魄江湖的模样，就像回忆一位睽违已久的故人。

那夜，明月之下，他写了首《浣溪沙》，他说："我是人间惆怅客，知君何事泪纵横。"你们未曾谋面，但这青年已将至情至性的你视为知己。他便是纳兰容若。那夜，你的惆怅，恰似他的惆怅。

不久后，你收到了他寄来的一封信。你早已听朋友们说过，纳兰容若虽生于侯门，却是散淡谦逊，喜结交文人雅士。于是，不久后你便前往造访了。果然，两个性情相投的词人一见如故。那日，你们把酒倾谈，从午后谈到了夜半，从人生如梦谈到了世事无常。自然，你们也谈到了诗词，谈到了诗酒趁年华。

容若对你仰慕已久。而你，初见容若，便被他的风神俊逸所打动。看到他，你仿佛看到了年轻的自己。此后，你们便成了好友，你经常去到明珠府，与容若在渌水亭把酒唱和。

偶尔，你也会邀容若出游，行走于京郊的山水之间。那日，你们来到了京城西郊的冯氏园。兴之所至，你作了首《鹧鸪天》，你说："莫问天涯路几重。轻衫侧帽且从容。"你说："行人尽说江南好，君在巫山第几峰。"那时的你，依旧是多年前那个意气风发的朱彝尊。

你所结交的，尽是落拓风雅之人。

除了容若，还有严绳孙、姜宸英、顾贞观等人。

你喜欢，两三至交，把酒花间，醉卧云下。

你生于仕宦之家，曾祖父曾为明朝武英殿大学士，祖父也曾任知府。你天生聪慧，喜欢读书，而且过目不忘。经过多年的苦读，你成了满腹经纶的才子。只是，世事凌乱，你的才华无处施展。你十六岁那年，明朝覆亡，大清入主中原。此后多年，你浪迹于江南各地，纵情于诗酒湖山，看似潇洒，却是无比寥落。

五十一岁那年，你再次来到京城。你在那首《飞雪满群山·燕京岁暮作》中写道："薄游成久客，惹霜鬓、愁添去年。更无人问，长安市上空醉眠。"鬓染霜华，你依旧浪迹红尘。

那年，你以布衣身份参加博学鸿词科考试，入选后任翰林院检讨，参与纂修《明史》。两年后，你被任命为江南乡试副考官。五十五岁，你入值南书房，康熙帝特许你在紫禁城骑马，还多次赏赐你。后来，你回到江南，潜心史学。康熙帝南巡，你数次迎驾。

你学贯古今，备受康熙帝赏识，本有机会入祀孔庙。那时，有人好心劝你删除《风怀二百韵》。你的答案是：宁可不入祀孔庙，也绝不删《风怀二百韵》。因为，那首长诗记载着一段往事。往事里，有你，还有一个风姿绰约的女子。

暮年，你仍对那女子念念不忘。

为了她，你可以放弃流芳百世的机会。

难怪，容若会将你视为知己。

锡鬯，我欣赏你的真性情，也欣赏你对于爱情的态度。那场往事，假如你不写，便无人知晓。但你不仅写了，还公之于众。你就是要让全世界知道，你曾经那样深情地爱过，无怨无悔。为了这场爱情，浮世虚名你都可以不要。容若欣赏你，就因为你光明磊落，敢于将一段惊世骇俗、为世人所不齿的爱情诉诸笔下，留存于世。

后来我知道了，那个被你牵念半个世纪的女子叫冯寿常，她是你的妻妹。十七岁那年，你娶了冯镇鼎之女冯福贞为妻。因为家贫，你不得不入赘。在冯家，落魄的你受尽冷眼，唯独小你七岁的冯家三女儿冯寿常对你青眼有加。那时候，你时常教她读书认字。时间久了，她对风度翩翩、学识渊博的你渐生爱慕之意。

数年后，她已长成了明朗少女，正如杜牧诗中所写："娉娉袅袅十三余，豆蔻梢头二月初。"但她仍似从前，时常央求你陪她游戏。你在那首《清平乐》中写道："齐心耦意，下九同嬉戏。两翅蝉云梳未起，一十二三年纪。春愁不上眉山，日长慵倚雕阑。走近蔷薇架底，生擒蝴蝶花间。"在你面前，她是个天真无邪的少女。

有时候，她会陪你闲坐，她总会痴痴地望着你。从她的眼神里，你看出了爱慕。但那时候，你只把她视作妹妹，喜欢她的天真烂漫。二十一岁那年，你携妻子移居梅会里。搬家时，冯寿常也跟着去了。你在那首《鹊桥仙》中写道："一箱书卷，一盘茶磨，移住早梅花下。全家刚上五湖舟，恰添了个人如画。"

又过了数年，她已是个身姿窈窕、婉如清扬的女子。你对她的感觉，从最初单纯的喜欢悄然变成了爱恋。此时的你，已不敢和她对视，她的眼神太热烈。后来，十八岁的她嫁为人妻，你们从此两地相隔。那些年，两处相思一样愁，你们都因相思而憔悴。你们在彼此的心里久居，但在真实的世界里，你们人各天涯。

或许是天意，五年后，冯寿常丧夫，儿子也早逝，她又回到了冯家。不久后，那份压抑多年的爱情之火再度被点燃。尽管你知道，这样的爱情是不被世俗伦理所允许的，也定会被世人指斥甚至唾骂，但你选择了去爱。

才情卓绝的是你，为爱不顾一切的也是你。

许多事，后来你都写在了词里。比如，你在《金缕曲》中写道："绿叶清阴看总好，也不须、频悔当时错。且莫负，晓云约。"你在《洞仙歌》中写道："归去忒匆匆，软语丁宁，第一怕、袜罗尘涴，料消息、青鸾定应知。也莫说，今番不曾真个。"你在《风怀》中写道："乍执纤纤手，深回寸寸肠。背人来冉冉，广坐走佯佯。啮臂盟言履，摇情漏刻长。梅阴虽结子，瓜字尚含瓤。"

冯寿常喜欢诗词，也擅长书法。她曾临摹王献之的《洛神赋》十三行残帖。残帖中央有一句"收和颜而静志兮，申礼防以自持"。而你，在那首《两同心》中写道："洛神赋，小字中央，只有侬知。"这是你们的秘密。你们曾想以礼自防，却最终输给了爱情。

只是，在你四十岁那年，三十三岁的冯寿常因病离世。一场爱情，剩下你独自悲伤。后来，你将居处取名静志居，因为冯寿常小字静志。在她离世后的若干年，你一直在怀念中填词。后来，你将写给她的近百首词编成了一本《静志居琴趣》，又写了首《风怀二百韵》附在后面。

在那些诗词里，有缠绵缱绻的欢愉，也有悲欢离合的无奈。你将一段被世人视作不伦之恋的爱情，毫不避讳地呈现在诗词里。你忠于爱情，亦忠于自己的内心。为此，你不惧世人的嘲讽与指摘。于你，爱情如雪山上的雪莲花，你既已奋不顾身地采下，自然不会在意别人如何评说。

冯寿常是幸运的，被一个深情的男子爱了一生。我知道，你们的爱情虽不被世人认可，却是清澈和深沉的，那是基于情趣相投、心有灵犀的爱，非世俗寻常情爱可比。所以，你不愿删除《风怀二百韵》，甘愿被世人谴责。

蓦然，我又想起了你那首《桂殿秋》："思往事，渡江干，青蛾低映越山看。共眠一舸听秋雨，小簟轻衾各自寒。"那日，秋雨之中，舟行波上，心事无人知。想必，写这首词的时候，忆起往事，你定是无比悲伤。

有人说，爱似烟花，只有刹那的绚烂。

但你，用一生去爱一个女子，直到暮年仍念念不忘。

原来，爱情可以在时光背后涅槃重生。

真正的爱情，该是如此。

【人物简介】

朱彝尊（1629—1709），字锡鬯，号竹垞，晚号小长芦钓鱼师。清初词人，词风清丽，为浙西词派创始人，与王世祯并称“南朱北王”。五十一岁时，举博学鸿词科，曾参与纂修《明史》。与纳兰容若为忘年之交。著有《曝书亭集》等。

朱彝尊

芸娘

中国文学史上最可爱的女子

【江城子】

寻常巷陌独伶俜，倚孤城，对残灯。
天上人间，往事俱无声。诗酒流连花月好，
赌书罢，夜三更。
扁舟曾载短歌行，笑盈盈，落花轻。
陋巷荆钗，执手总多情。别恨悠悠疑是梦，
泪眼里，说来生。

芸娘：

四十一岁那年三月，你凄然离世。

弥留之际，你还期待来生与丈夫重逢。

花明柳暗的日子，你关上了红尘的门，从此远离了尘嚣。

曾经，你与沈复情深意笃，不离不弃，似一对神仙眷侣。他曾对你说："来世你做男子，我做女子红尘相随。"而你则说："到那时，若能不忘今生情缘，才更有趣。"可是，在那个春日，这样美丽的情话散入了风尘。你不忍将那男子独自留在世间，却也只能含泪而去。

尘缘如此，谁都没有办法。

岁月总会在不经意间落笔，画下悲欢离合。

而我们，只是画中之人。

在你离开后，沈复心如刀绞。后来，他终于知道，他不能沉湎于悲伤。他知道，你不愿意看他活在悲伤里。他必须替你好好地活着。带着对你的深情，他写了一本《浮生六记》，满纸皆是往事。我相信，写这本书的时候，他定是无数次泪眼模糊。往事越温暖，回忆起来就越凄凉。

两百年后，你们的故事仍被无数人说起。总有人，捧着一本《浮生六记》，想象爱情的模样。终于发现，越美丽的事物，越经不起岁月洗礼。曾经，你和沈复情投意合，到最后却是人间天上，两不相知。这样的故事，太悲凉。说起你们的故事，人们总会想起纳兰容若那句“当时只道是寻常”。

我曾有幸应约翻译《浮生六记》。那时候，我在丽江的客栈里，想象沈复写此书时的情景。或许是这样：一灯如豆，他在往事里穿梭，满心悲伤。落笔的时候，身边少了个红袖添香的女子，他甚觉凄凉。

沈复，那个你深爱着的男子，去过许多地方。但是，对他来说，那些都比不过在你心中停留二十三年。于他，世间最美的风景，不是小桥流水，不是芳草斜阳，而是一个叫芸的女子。他爱你，一如你爱他。

李太白说，浮生若梦，为欢几何。

人生于世，终是幸福欢愉少，苦难离散多。

芸娘，我们都知道，不完满的才叫人生。

在你离去百余年后，文学家林语堂说，你是中国文学史上最可爱的女子。你并非天姿国色，亦非惊才绝艳。论容貌，你比不过苏小小、柳如是；论才华，你比不过谢道韫、李清照。我想，你的可爱，不在于容貌无双，不在于贤良淑德，而在于率性天真、不慕浮华，而且能将平淡的日子过得诗情画意。

你天生聪明伶俐，刚学会说话便能背诵《琵琶行》。四岁时父亲离世，你在懂事之后，靠着刺绣养活母亲和弟弟。家里藏书不少，闲暇之余你总在读书，也渐渐学会了写诗，写出了“秋侵人影瘦，霜染菊花肥”这样的诗句。

十三岁那年，小你十个月的沈复来到你家，作为表姐，你对他照顾有加，你欣赏他的才气。而他，则被你的灵秀素雅吸引，发誓要娶你为妻。十八岁那年，你们结为伉俪。有情人终成眷属，此后的你们，举案齐眉，感情日笃。

人们说，风花雪月敌不过柴米油盐。

可你们，却将琐碎的日子过成了斜风细雨的模样。

我知道，心里有诗，才能将日子过成诗。

你们都喜欢读书，也都喜欢莳花种草。有时候，你们会谈古论今、品月评花；有时候，你们会听风看雨，饮酒赋诗。那日，你们相对而坐，谈论古代诗人，你说，比起杜甫诗的格律严整诗意老当，你更爱李白诗中的落花流水之趣。

偶尔，你们也会外出，畅游于山水之间。沧浪亭畔，你们把酒赏月；太湖之中，你们悠然泛舟。山居的时候，你对沈复说，他年去那里隐居，种菊修篱。而这，恰恰也是沈复的愿望。对他来说，你既是妻子，亦是知己。他爱你如生命，从未把你视作附属品，而是把你当作与他心有灵犀的唱和之人。

沈复喜欢与三五知己对酌吟诗，你往往也会兴高采烈地参加，与他们行令饮酒、对月赋诗。有时候，兴致上来，你会穿上男装，与沈复去看庙会。无论何时，你都是那个天真率性的小女子。你之所以可爱，就是因为始终保持着少女模样，没有心机，不懂得禁忌。

芸娘，你懂得生活，喜欢侍弄花草，喜欢简单素净的日子。你不慕浮华，不羡慕玉盘珍馐、香车宝马。你想要的，就是与心爱的男子执手到老，箪食瓢饮也好，布衣荆钗也好。如你所说：布衣菜饭，可乐终身。你从不要求沈复考取功名，只希望他在你身边，伴你清简度日。

你为人大气，沈复的弟弟启堂娶妻时，家里没有珠花，你便以自己出嫁时的珠花相赠。如此慷慨的你，却对书画等物格外珍视。遇到残缺的旧书，你会将其装订成册，称之为“断简残编”；那些破损的字画，你会用旧纸粘补完整。

有时候，你也会与那心爱的男子开些无伤大雅的玩笑。比如那次，你们说着臭腐乳和虾米卤瓜的味道，你不由分说就将卤瓜塞入了他的口中。人淡如菊的你，促狭起来，更显得可爱。而这些情节，让生活更显得意趣不尽。

只是，世间之事，有人激赏，便有人贬斥。

你的天真可爱，沈复无比喜欢，而他父母却极是鄙薄。

渐渐地，率性而为的你失去了公婆的欢心。

率真的你，在处理家庭事务上缺少思虑。先是，因公公在沈复面前隐晦提及，你便瞒着婆婆为公公寻找侍妾，使得婆婆对你甚是厌恶；后来，启堂向人借钱，让你作保，邻居来讨债时，启堂竟说自己并不知情。于是，你和沈复被赶出了家门。那年，你们三十岁。

没办法，你们只好寄住在好友鲁半舫的别居萧爽楼中。日子清苦，你们仍旧过得有滋有味。沈复囊中羞涩，你便当掉自己的首饰为他买酒。那次，沈复约了朋友去赏花饮酒，担心没有热酒热菜，你便雇了馄饨担子前往。

芸娘，作为底层文人，沈复无论是做幕僚还是卖书画，都无法给你生活的安稳与富足，但你从未抱怨，你懂他的无能为力。当然，你很清楚，你们被赶出家门，大都是你的原因，沈复也不曾抱怨。他爱你，所以对他来说，有你的地方才是家。事实上，多年以后，他形影相吊，心里惦念的仍然是你。

三十八岁那年，你们再度被赶出家门，借住在无锡华大成家。前往无锡前的那个清晨，骨肉分离的画面历历在目，一家人和泪吃粥，就像咽下了所有从前。恬淡悠然是生活，黯淡凄凉也是生活。

在无锡，生活依旧是平淡中不失意趣，而你却因愤懑在心病倒了，最终凄然离世。临终前，你还劝沈复回到父母身边，尽人子之孝。从始至终，你都是那个天真善良的女子。

我在想，若不是命运多舛，你们大概会寻个幽静之处，筑几间茅舍，悠然度日。你们可以如陶渊明那样，采菊东篱，种豆南山；也可以如范蠡那样，泛舟湖上，笑看红尘。

人都说，乍见之欢不如久处不厌。可惜，久处不厌的你们，却未能携手终老。离开的时候，你定会想起那些相濡以沫、不离不弃的日子，也定会遗憾于情深缘浅。事实上，那些画面，两百年后仍有人念念不忘。

芸娘，你始终是天真和温暖的，是上天待你太薄。

你已离去，但我总觉得你不曾走远。

可爱的你，始终在那里。

【人物简介】

芸娘（1763—1803），即陈芸，清代文人沈复之妻，《浮生六记》女主角。性情率真，喜欢清雅，与沈复情深意笃，将平淡的日子过得诗情画意。可惜，红颜薄命，四十一岁因病离世。林语堂曾说，她是中国文学史上最可爱的女人。

图书代号　WX23N1201

图书在版编目（CIP）数据

人生不过一封信 / 随园散人著. — 西安：陕西师范大学出版总社有限公司, 2023.8

ISBN 978-7-5695-3731-4

Ⅰ. ①人… Ⅱ. ①随… Ⅲ. ①历史人物–生平事迹–中国 Ⅳ. ①K820

中国国家版本馆CIP数据核字(2023)第123501号

人生不过一封信

RENSHENG BU GUO YI FENG XIN

随园散人　著

出 版 人　刘东风
选题策划　谢婧怡
责任编辑　张　佩
责任校对　焦　凌
特约编辑　曲舰航
封面设计　FBTD studio
内文绘图　小　T
出版发行　陕西师范大学出版总社
（西安市长安南路199号　邮编 710062）
网　址　http://www.snupg.com
印　刷　北京中科印刷有限公司
开　本　880 mm×1230 mm　1/32
印　张　10
字　数　237千
版　次　2023年8月第1版
印　次　2023年8月第1次印刷
书　号　ISBN 978-7-5695-3731-4
定　价　52.00元